KB054495

도서관 경영의 법칙

The Principles of Library Management

이 종 권

머리말

경영학은 일을 잘하려고 공부하는 '실학(實學)'이다. 우리가 일을 잘하기 위해서는 모든 자원을 효율적이고도 효과적으로 활용하여야 한다. 경영은 체계적이고 계획적인 활동이다. 그래서 치밀한 계획과 성실한 실천, 결과의 평가와 반영으로 이어지는 선순환과정을 거듭하면서 발전을 추구한다. 이러한 체계적인 과정이 없이 무조건 일만하는 것은 자원의 낭비와 목적의 왜곡 등이 일어나서 경영의 목적을 달성하기 어렵다.

경영의 대상은 모든 개인과 조직이다. 개인이 모여 조직이 되기 때문에 개인과 조직은 밀접한 관계를 가진다. 개인경영을 잘 해야 조직경영 또한 잘 할 수 있다. 학생이나 직장인이나 기업인이나 인간경영을 잘해야만 자신들의 이상을 실현해 나갈 수 있을 것이다. 조직경영에는 정부, 기업, 대학, 학교, 도서관 등 모든 단체들이 포함된다. 따라서 국가지도자로부터 정부부처, 대학, 학교, 회사, 비영리단체, 가정주부에 이르기까지 일을 잘하기 위해서는 경영의 마인드를 가지고 실천해야 한다.

도서관 경영자는 도서관의 일을 제대로 하기 위한 도서관의 모든 부문을 총괄 지휘하는 리더의 위치에 서 있다. 그만큼 경영자가 바로서야 도서관이 바로설 수 있다. 도서관 경영학은 일반경영학 이론을 도서관에 적용하여 도서관에 알맞게 특화시킨 응용학문이다. 따라서 문헌정보학도는 일반경영학 이론과 실제를 포괄적으로 공부하지 않으면 안 된다. 사서가 경영학의 모든 이론과 실무를 통달하기는 어렵지만, 큰 틀에서 경영마인드를 가지고 세계문명의 트렌드를 제때에 읽어내고, 사회변화에 발맞추어 도서관의 변화와 발전을 모색해야 한다. 도서관은 경영하지 않으면 발전할 수 없다. 좋은 도서관을 구현하기 위하여 도서관 경영을 공부하는 것이다.

경영학이 일을 잘하기 위한 학문이라 한다면 경영의 의미

는 무엇일까? 경영은 기업경영에서 나왔기 때문에 생산, 판매, 조직, 인사, 재무, 회계 등 계속기업(Going Concern)으로서 요구되는 사항들을 종합적으로 관리 운영하는 모든 활동이라 하면 될까? 그렇다면 인간경영, 가계경영, 군대경영, 학교경영, 국가경영, 세계경영이라는 말은 어떻게 이해해야 할까? 이에 대한 해답은 경영의 순환구조로 설명된다. 즉 경영이란 무엇을 계획하고 계획된 것을 실행하고, 그 결과를 평가하는 일련의 활동으로서 계획(plan), 실행(do), 평가(see), 피드백(feedback)이라는 활동이 서로 연결되어 지속적 · 발전적으로 순환되는 과정적 구조라 할 수 있다.

이처럼 경영은 순환구조를 본질로 한다. 또한 악순환이 아닌 선순환을 지향한다. 지속적인 선순환을 돌려줌으로써 경영의 목적을 지속적으로 달성할 수 있다. 이는 극히 상식적인 것처럼 보이지만 경영 사이클의 선순환은 실제로는 매우 어렵다. 모두가 다 선순환을 한다면 성공하지 못할 사람이 없고 성공하지 못하는 조직이 없을 것이다. 경영 사이클의 선순환을 위해서는 최고 경영자는 물론 모든 조직 구성원들이 자신이 곧 경영자라는 생각을 가지고 각자 치밀하고도 체계적인 노력을 경주하되 조직이라는 오케스트라가 총체적인 하모니를 이루어낼 수 있도록 성실한 노력과 지혜를 발휘해야 한다.

경영은 언제나 목적 지향적이다. 경영의 목적을 달성하기 위해서는 인적 자원, 물적 자원, 재화 자원을 효율적이고도 효과적으로 동원해야 한다. 이러한 자원들은 사람이 운영하기 때문에 인적 자원은 가장 핵심 요소이다. 또한 물적 자원과 재화 자원은 인적 자원인 직원들에 의해서 효율성과 효과성을 고려하여 사용된다. 도서관도 이러한 경영의 법칙을 철저히 따른다면 좋은 도서관을 구현해 낼 수 있을 것이다.

이 책은 일반 경영의 이론과 도서관 현장의 실무 경험을 바

탕으로 도서관 경영의 '법칙'을 50가지로 설정해 본 것이다. 아무쪼록 이 책이 도서관을 사랑하는 모든 분들께 경영마인드를 정립하는 데 조금이라도 도움이 되기를 기대한다. 언제나 좋은 책을 만들어주시는 문현출판사 한신규 대표께 진심으로 감사드린다.

2017년 3월

서울 문정인문학도서관에서

이 종 권 拜

차 례

〈계획의 실행 DOING : 인사관리〉

〈계획의 실행 DOING : 건물·시설관리〉

〈계획의 실행 DOING : 콘텐츠관리〉

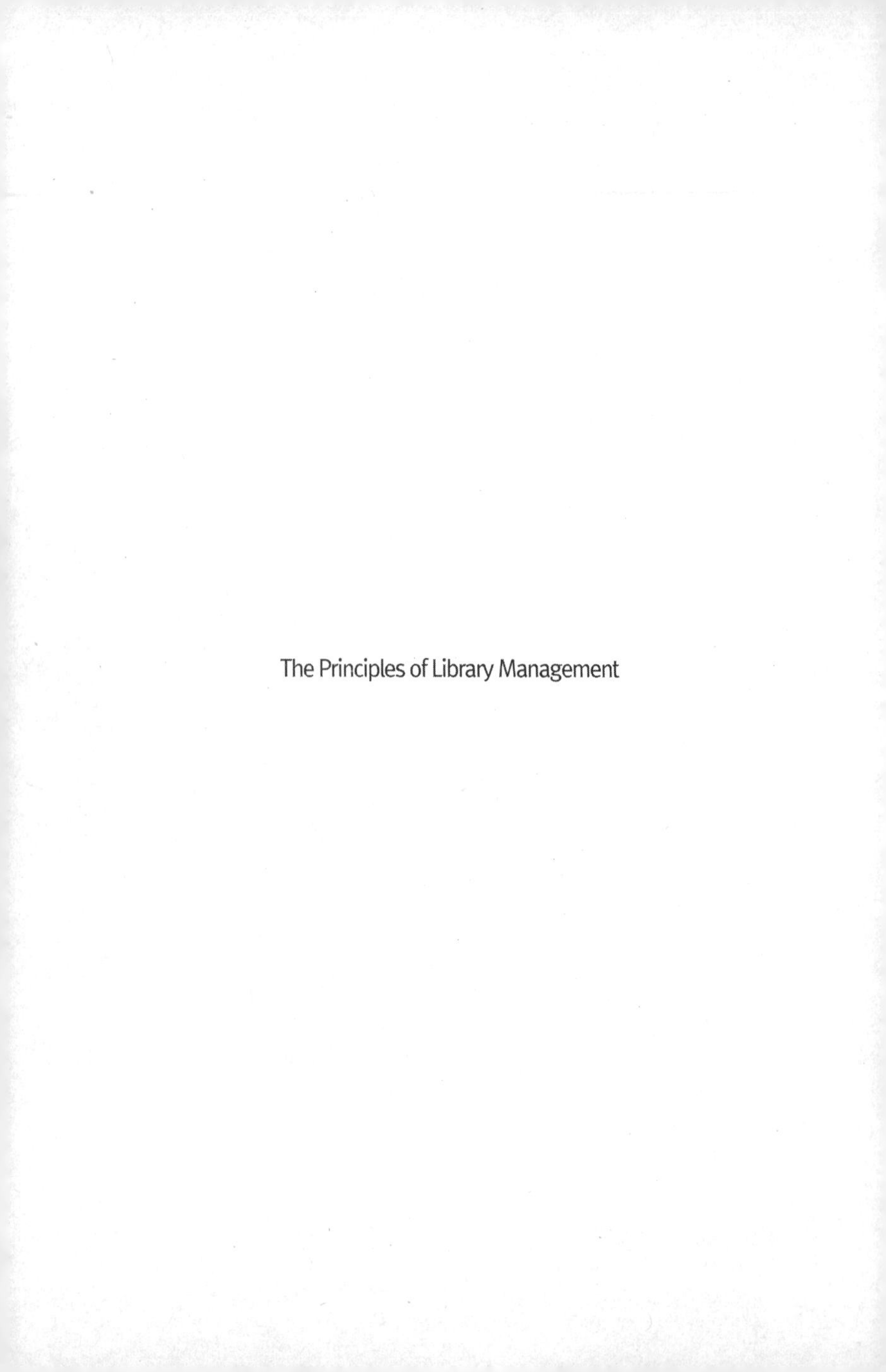
The Principles of Library Management

도서관 경영의 법칙
경영기획
PLANNING

01

사명과 비전을 설정하라

우리는 "사명 또는 비전을 가져야 한다."고 하면 "또 그 소리냐"고 폄훼하기 쉽다. 그러나 잘 따져보자. 이 질문의 답을 구하기 위해서는 근본적으로 "우리는 왜 사는가?"부터 생각해 보아야 한다. 그리고 다시 "우리는 왜 도서관을 필요로 하는가?", "우리는 왜 도서관을 효과적으로 경영해야 하는가?" 라는 질문을 던져야 한다.

먼저 우리는 왜 사는가? 막연한 상태에서는 매우 답답한 질문이라 할 수 밖에 없다. 그러나 곰곰 생각해보면 답이 나올 것도 같다. 흔한 말로 "살기 위해 먹는가, 먹기 위해 사는가?" 이런 문제도 마음먹고 생각해 보아야 한다. 이런 문제를 논의할 때는 좀 더 진지하고 심각해져야 한다. 인생은 코미디가 아니다. 따라서 우리는 내가 태어난 사명을 정확히 깨닫고, 그 사명을 완수하도록 노력해야만 성공적인 삶을 살 수 있다.

사람들은 대부분 이기적이다. 고대 중국의 순자는 인간의 본성에 대한 가설로 성악설을 주장하였다. 그런데 이 가설은 어느 정도 잘 들어맞는 면이 있다. 도서관에 찾아오는 어린이들을 잘 살펴보면 처음에는 순수하고 순진한 것처럼 보이지만 몇 번 겪어보면 매우 이기적이라는 것을 알 수 있다. 예를 들어 어떤 아이는 잠자리를 잡아 달라고 떼를 쓴다. 어떤 아이는 자기 요구를 들어주지 않으면 마구 욕을 해댄다. 순수한 어린아이답지 않게 비명을 지르거나 큰 소리로 울기도 한다. 어른도 마찬가지다. 스스로의 필요와 욕구만 생각한다. 양보심은 매우 빈약하다.

사람들은 이기적이지만 성장하면서 서서히 철이 들어간다. 그리고 나름대로 인생 문제를 고민하기 시작한다. 그러면서 막연하게나마 "나는 왜 사는가?, 나의 사명은 무엇인가?, 나는 무엇을 하며 살 것인가?"를 고민한다. 자신만의 가치관과 철학도 이때 형성된다. 이러한 학생들은 매우 정상적이어서 자기들의 인생문제를 스스로 개척해 나간다. "교수가 되겠다," "사서가 되겠다," "엔지니어가 되겠다," "회사원이 되겠다."하고 본인의 사명과 목적을 설정한다. 그리고 노력하면 꿈을 이룬다. 즉 개체 인간의 사명이란 스스로 적성에 맞는 일을 하고, 인류 사회에 도움이 되는 일을 하며 사는 것이다. 이렇게 우리는 저마다 인류사회에 태어난 사명이 분명히 있으며, 이는 스스로 만들어가야 한다. 사명과 비전이 없는 사람은 성공적인 삶을 살기 어렵다.

그러면 도서관은 우리에게 또 무엇인가? 역사적으로 볼 때 도서관은 인류문명의 기반이요, 중심이었다. 문명은 문자기록으로부터 시작되었다는 사실은 '문명(文明)'이라는 단어 속에 그대로 녹아있다. '문자[文]를 통해서 밝아진[明]' 세상을 의미하기 때문이다. 문자는 미디어라는 기록 매체와 만남으로서, 그리고 기록의 효율적 수단인 인쇄술과 만남으로서 인류 문명이 더욱 밝아지게 되었다. 동 · 서양의 도서관의 역사를 조망해 볼 때 문자가 발달한 곳에 미디어가 발달하고, 필사(筆寫)와 인쇄술이 발달했던 것이다. 그리고 문자를 기록한 미디어, 즉 문헌(文獻 literature)을 보존하고, 유통하고, 전승한 도서관이라는 더 큰 '미디어'가 발생한 것이다. 도서관은 문명 탄생의 직후부터 여러 가지 형태와 명칭으로 명멸(明滅)을 거듭하면서 동시대의 문명을 모아 세계 각처로 공급하는 지식의 저수지로서, 또한 이전시대의 문명을 연면히 전승하는 도도히 흐르는 대하(大河)로서 문명의 씨앗과 젖줄이 되어 새로운 문명을 계속 꽃피워 온 것이다.

다음 우리는 왜 도서관을 필요로 하는가? 인류문명에 대한 도서관의 기능과 역할은 21세기에 와서 위기와 기회를 동시에 맞게 되었다. 18, 19세기 서구 계몽주의와 민주주의의 발달, 그리고 산업혁명으로 인한 기술혁신과 교통통신의 발달은 인류사회에 큰 변혁을 몰고 왔다. 20세기 말부터는 컴퓨터와 인터넷, 그리고 휴대전화(cell phone)의 급속한 발전과 스마트폰(smart phone)의 보급으로 우리의 생활은 언제 어디서나 전 세계의 정보망과 실시간으로 연결되는 '귀신같은' 정보 커뮤니케이션 환경 속으로 진입하게 되었다. 우리나라에 컴퓨터와 인터넷이 없는 가정은 이제 거의 없으며, 남녀노소 누구나 휴대폰이나 스마트폰이 없는 사람도 거의 없게 되었다.

정보기술 환경의 급속한 변화는 전통적인 종이책 도서관의 전반적인 관리자동화에 획기적인 기여를 했고, 나아가 미디어 자체를 디지털로 교체해 나가는 추세에 이르렀다. 또 '정보의 바다'로 일컬어지는 인터넷이 정보사회에 거대한 '블루오션'으로 등장하여 그 심연(深淵)과 외연(外延)을 확대하면서 전통적 도서관의 기능과 위상을 위협하고 있다. 사람들은 디지털 사회(digital society), 컴퓨니케이션 사회(computer communication society), 유비쿼터스 사회(ubiquitous society) 등의 새로운 용어로 정보사회의 실현을 찬양하고 있다. 도서관도 이와 같은 환경 속에서 전통적 종이책도서관에서 하이브리드도서관, 전자도서관, 디지털도서관, 유비쿼터스 도서관, 또는 '종이 없는 도서관', '벽 없는 도서관' 등 신조어를 남발하면서 언젠가는 종이책 도서관이 사라질 것으로 예상하고 있다.

그러나 한편 아직 많은 사람들은 이러한 종이책 도서관의 무용론을 인정하지 않고 있다. 그 근거는 2가지다. 하나는 도서관의 역사성이고 다른 하나는 도서관의 인간성이다. 도서관의 역사는 문명의 역사와 거의 동일하다. 문명이 있는 한 역사는 지속되고, 역사가 있는 한 도서관은 존재해 왔다. 도서관은 역사와 함께 각 시대마다 그 기능과 역할을 변신하면서 그 시대에 알맞은 도서관을 유지하였다. 따라서 아무리 디지털, 유비쿼터스사회라 하더라고 도서관은 새로운 변신을 거듭하면서 그 기능과 역할을 계속할 것이다. 세계 도서관계는 21세기의 가장 이상적인 도서관은 모든 미디어가 공존하는 하이브리드(hybrid) 도서관이라는 데 묵시적 동의를 하고 있다.

둘째로 도서관의 무용론을 반박할 또 하나의 근거는 '도서관의 인간성'이 아닌가 싶다. 도서관은 사회적 존재로서 인간의 냄새가 깊숙이 배어있다. 도서관과 인간은 문명이라는 접착제로 밀착된 인간의, 인간에 의한, 인간을 위한, 인간적 도구(humanistic tool)이다. 인간은 인간적이라야 인간이다. 인간은 그 생물조직이 아날로그다. 아날로그인 인간이 디지털을 만들었지만 인간 자신은 디지털이 될 수가 없다. 사람의 몸에 컴퓨터 칩이나 USB를 꼽는다고 사람이 디지털이 되는 것은 아니다. 사람은 종이도 만들고, 책, 전축, 카메라, 컴퓨터, 전화, CD-ROM, USB 등 온갖 기록(기억)정보매체를 만들어 활용해 왔고, 디지털은 그 중 하나일 뿐이다. 도서관은 인간 중심적 공간이다. 인간이 도서관의 중심에 있는 한 도서관은 결코 사라지지 않을 것이다.

또 우리는 왜 도서관을 효과적으로 경영해야 하는가? "Do we really need library?" 이는 1980년에 미국에서 간행된 책의 제목이다. 이 책은 미국에서의 도서관 경영 평가에 관한 내용을 다루고 있다. 필자의 과문한 정보에 의하더라도 1980년대 미국에서 도서관 평가에 관한 책들은 이밖에도 많이 있었으며, 『Library Journal』을 비롯한 도서관 관련 학술지에도 도서관 평가에 관한 논문이 지속적으로 발표되었다. 그만큼 미국에서는 도서관 경영의 효과성에 대한 인식이 앞서 있었다는 이야기이다. "과연 우리에게 도서관이 필요한가?"에 대한 본질적인 물음을 던지면서 꼭 필요한 도서관을 만들기 위해서는 어떻게 해야 하는지를 진지하게 논의해왔다는 점에서 미국 도서관의 선진 정도를 짐작해 볼 수 있다.

우리도 1990년대 중반부터 도서관을 효율적이고도 효과적으로 경영해야 되겠다는 인식이 확산되기 시작하였다. 그러한 인식은 1994년부터 대학종합평가인정제도 실시에 따라 일부 항목이기는 하지만 대학도서관을 대상으로 평가가 시작되었고, 2001년에 대학도서관 평가기준이 제정되었으며, 1998년부터는 문화관광부의 문화기반시설관리운영평가에 공공도서관이 포함되어 몇 년간 실시되다가 폐지되었다. 2007년 대통령 소속의 도서관 정보정책위원회가 출범하면서 전국도서관 평가제도가 마련되어 도서관에 대한 전국적인 외부평가는 현재 자리를 잡아가고 있는 중이다.

그러나 도서관의 효과성에 대한 경영자들의 실질적인 평가는 도서관 경영자들의 경영마인드가 부족한 탓인지 좀처럼 자리를 잡지 못하고 있다. 우리는 여기에서 다시 질문을 던져야 한다. “우리는 왜 도서관을 효과적으로 경영해야 하는가?” 그리고 스스로 그 해답을 찾아야 한다. 그것은 곧 인류사회에 탄생된 도서관의 사명과 목적, 기능과 역할을 다하여 인류사회에 이바지하기 위해서이다. 도서관의 사명은 역사의 보존과 전승을 위한 사명, 정보문명의 창달을 위한 사명, 교육문화의 창달을 위한 사명, 국가발전과 문명 발전을 위한 사명 등 생각할수록 원대하다. 도서관의 정책담당자들 및 경영자들은 이러한 사명이 폄훼, 희석되지 않도록 모든 경영자원을 효율적으로 동원하여 도서관의 사명과 목적을 100% 달성하려는 노력을 기울여야 한다.

도서관의 목적(goal)

경영자가 업무 진행과정의 효과성을 파악하기 위해서는 계획의 목적과 목표를 설정해야 한다. 목적과 목표를 확립함으로써 경영자와 시민들은 도서관의 지향점을 분명하게 인식하고, 프로그램의 성과를 측정할 수 있게 된다. 또한 시민들에게 보다 효과적으로 도서관서비스를 수행할 수 있으며, 나아가 사서들이 그들의 업무 달성도를 계량적으로 표현할 수 있다. 계량적 성과 측정은 또한 예산의 신청과 지속적인 예산지원에 필수적인 근거가 된다. 목적은 향후 3~5년간 도서관이 지향하는 미래의 바람직한 조건을 기술하는 광범위하고 장기적인 비전이라 할 수 있다. 목적은 목표보다 장기적으로 설정되므로 목적이 적절한지 여부는 정기적으로 재검토해야 한다. 목적은 도서관의 사명에서 도출되며 많은 도서관에서는

5년 내지 10년간 변함없이 지속된다.

목표(objectives)

목표는 보통 1년 또는 2년간 단기적으로 설정되며, 기말에 가면 그 달성 여부를 측정할 수 있다. 목표는 일정기간에 달성해야하는 단기적 성과를 표현한 것이다. 목표는 조직의 목적으로부터 도출된다. 각각의 목표는 도서관의 목적으로 연결되어야 하며 목적과 논리적인 흐름을 유지해야 한다. 또 목표를 통하여 도서관의 목적 성취여부를 가름할 수 있어야 한다. 목적과 목표의 설정, 달성, 평가는 연속적인 과정이다. 목표는 측정할 수 있고, 실행 가능하며, 시간 제한적이며 동적인 활동을 나타내는 것으로 목적보다 세부적이다. 우선순위는 중요성과 긴급성에 따라 결정되는 목적과 목표에 관련된 선후관계의 순서로서 어떤 활동에 주어진 한정된 자원의 활용 순서를 나타낸다.

02

날마다 계획을 구상하라

"일일신 우일신(日日新 又日新)"이라는 말이 있다. 날마다 새롭고 또 새로워야 한다는 뜻이다. 또 "하루의 계획은 아침에 세우고, 한 달의 계획은 월초(月初)에 세우며, 일 년의 계획은 연초(年初)에 세운다."는 말도 있다. 선인들이 남긴 지혜의 말씀들이다. 우리의 삶이 나날이 새롭게 되기 위해서는 항상 새로운 마음으로 새로운 계획을 세워서 활기차게 실천해야 한다는 것은 너무나 당연한 교훈이다. 그런데 이 당연한 생활상식이 잘 지켜지지 않기 때문에 개인이건 조직이건 목적 달성에 어려움을 겪는 것이다.

사실 삶 또는 생활(生活)이라는 단어의 의미는 '살아서[生] 움

직인다[活]'는 뜻이다. 그런데 살아 움직이려면 항상 생기(生氣 : 에너지)가 솟아나야 한다. 또 그 생기는 삶의 사명과 목적 달성을 위해 계획적으로 활용해야 하고, 계획을 실행한 다음에는 반성을 통하여 더욱 좋은 삶을 맞을 준비를 갖추어야 한다. 생활(生活)이라는 단어 속에는 이미 날마다 살아 움직이는 삶을 살아야 한다는 멋진 '계율(戒律)'이 담겨있다. 이렇게 생활을 계획하다보면 생활이 여유가 없어 숨 막힐 것 같지만 생활의 여유를 갖는 것도 생활의 계획에 포함할 수 있으니 그리 걱정할 일은 아니다.

도서관도 활력경영(vitality management)을 위해서는 정신적 물질적으로 날마다 새롭게 계획하고, 새로운 변신을 시도해야 한다. 도서관의 직원이나 경영자들은 날마다 계획을 구상해야 한다. 이를 기획이라 한다. 우리 도서관이 우선적으로 당면한 문제들이 무엇인지 목록을 만들고 각자 또는 브레인스토밍(braining storming) 회의를 통해 아이디어를 짜내며, 장기적으로 우리 도서관이 어떻게 발전되는 것이 좋은지를 매일같이 생각하고 기록해야 한다. 업무일지는 그 도서관의 일기다. 일기에는 그날의 한일, 미흡한 일이 다 기록되어야 한다. 직원 개개인의 업무수첩에는 그날의 한 일, 못한 일, 개선해야 할 일이 모두 기록되어야 한다. 흔히 업무일지를 보면 어떤 직원은 '서류정리' '대출반납', '참고봉사' 정도로 한두 마디만을 무성의하게 써 놓는데 이것은 업무개선이나 계획에 별 도움이 되지 못한다. 무슨 서류를 왜, 어떻게, 몇 건이나 정리했는지, 대출 반납에서는 어떠한 문제점이 있었는지, 참고봉사에서는 고객과 어떤 면담을 했고, 어떻게 해결했으며, 미흡한 점은 무엇인지 등을 소상하게 기록함으로써 다음의 계획에 반영해야 한다.

개인이건, 조직이건, 단기계획이건, 장기계획이건 하루아침에 계획을 잘 수립할 수는 없다. 평소의 생활 속에서 충실한 기록과 데이터 수집 및 반성을 토대로 미래에 대한 아이디어를 모아야만 훌륭한 계획을 수립할 수 있다. 또 이러한 계획이라야 실천에 옮기는 데 무리가 적을 것이고 충실한 반성과 피드백으로 이어져 발전의 선순환을 돌릴 수 있을 것이다. 계획은 용두사미(龍頭蛇尾)가 되어서는 곤란하다. 매일 매일 업무의 과정 속에서 새롭게 구상되는 계획이라야 '용두용미(龍頭龍尾)'가 될 수 있을 것이다.

03

학교교육에 기여하라

도서관법 제2조에 규정된 우리나라 도서관의 종류는 공공도서관, 대학도서관, 학교도서관, 전문도서관으로 구분된다. 그리고 공공도서관의 범주에는 국가 또는 지방자치단체가 설립·운영하는 공립 공공도서관, 단체 및 개인이 설립·운영하는 사립 공공도서관, 규모가 도서관 법령 기준에 미달되는 작은도서관, 장애인도서관, 병원도서관(입원환자 및 보호자를 위한 도서관으로 의학도서관과 구분), 병영도서관, 교도소도서관, 어린이도서관이 포함되어 있다.

여기서 학교교육에 직접적으로 기여하는 도서관은 학교도서관 및 대학도서관이다. 학교도서관은 초·중·고등학교에서 학생들과 교사들에게 도서관서비스를 제공하는 도서관이므로 당연히 해당 학교의 교육과정을 지원해야 한다. 그러나 우리나라의 학교 현실은 학교도서관이 너무 열악하고 사서교사의 역할도 저평가되어 있어 임용 배치가 되지 않는 학교가 대부분이다. 그 근본적인 원인은 우리나라의 교육이 대학입시 준비를 위한 주입식 지식교육에 집중됨으로써 구성주의 교육, 자기주도 학습, 전인교육을 시행하지 못하는 데서 비롯된다. 교육 당국과 학교 경영자들의 창의적 교육과 전인교육에 대한 인식혁신이 필요한 부분이다.

대학도서관 역시 해당 대학의 교육과정과 연구를 지원할 목적으로 설립된 도서관으로서 대학교육과정을 지원하는 도서관이다. 우리나라의 대학도서관은 다른 종류의 도서관에 비하여 시설, 인력, 장서 면에서는 어느 정도 수준에 올라와 있다고 볼 수 있다. 그러나 대학교육을 지원하는 측면에서는 주제전문사서의 부족과 서비스 프로그램의 미약으로 아직 그 본연의 역할을 다하고 있는 것 같지 않다. 향후 명실 공히 대학도서관으로서의 사명을 다하기 위해서는 보다 창의적이고 체계적인 교수, 연구, 학습 연계프로그램을 체계적으로 마련해야 할 것이다.

공공도서관은 가장 보편적인 의미의 도서관으로서 각계각

층 국민 모두를 대상으로 도서관서비스를 제공하는 도서관이다. 따라서 공공도서관도 학교교육에 기여해야 하는 것은 당연하다. 해당 도서관이 위치한 지역에서 초등학교, 중·고등학교, 대학교 등 각 급 학교와 연계하여 학교도서관과 대학도서관에서 제공하지 못하는 부분을 채워주고 보완하는 생활교육이나 직업교육 교육프로그램을 개발하고 지원해야 한다. 전인교육 전반을 학교에만 맡겨둘 수는 없다. 공공도서관 특히 공·사립 공공도서관 및 어린이도서관들은 학교도서관을 지원하는 연계방안을 개발하여 학교교육을 적극 지원해야 한다. 학교도서관이나 대학도서관, 공공도서관 모두 '독불장군'으로서의 도서관은 그 지역사회의 교육적 요구를 충족시킬 수 없으므로 교육과정과 교육정보의 공유를 통해 효과적인 교육지원 방안을 마련해야 한다.

04

평생교육에 기여하라

유네스코 공공도서관 선언에서는 공공도서관을 평생교육기관으로 명백히 규정하고 있다. 또 한국도서관기준(2013년판)에서도 "공공도서관은 모든 수준의 공공교육을 지원하며, 개인의 지속적인 자기개발과 민주시민으로서의 자질향상에 기여하는 평생학습기능을 수행한다."라고 규정함으로써 평생교육프로그램 개발 및 시행을 공공도서관의 목적 가운데 하나로 설정하고 있다.

그럼에도 불구하고 우리 도서관들은 평생교육기관으로서의 확고한 체계와 위상을 정립하지 못한 채, 다른 평생교육기관이나 평생교육전문가들과 협력이나 상담도 별로 없이 나름의 다양한 문화프로그램을 기획하여 운영하고 있다. 전국 지방자치단체에서 주관하는 평생학습 담당 공무원과 평생학습센터 건물은 도서관과는 무관하게 인력과 예산을 사용하고 있다. 그러나 평생교육 프로그램은 아직 체계를 잡지 못하고 있고, 사후관리도 제대로 이루어지지 않아 과연 "우리나라 평생교육 이대로 좋은지?"그 실효성이 염려된다. 평생학습동아리를 지원하여 자율적인 학습을 돕고, 자치단체 및 전국단위로 평생학습 축제를 개최하지만 이는 일종의 전시행사에 불과하여 국민들에게 돌아가는 학습의 실익은 별로 느껴지지 않는다.

우리나라 평생교육이 이렇게 이중으로 겉돌게 된 근본적인 이유는 평생교육법과 도서관법, 그리고 정책담당부서의 이원화에 기인되는 것으로 생각된다. 교육부 주관 평생교육법에 의하면 도서관은 평생교육법에서 정하는 평생교육기관이 아니라 "그 밖에 다른 법령에 따라 평생교육을 주된 목적으로 하는 시설 · 법인 또는 단체"로서의 평생교육기관 중 하나일 뿐이다. 평생교육을 담당하는 정부의 조직, 인력, 시설이 별도로 설치되어 있으며, 부서와 소속이 다름에 따른 업무의 영역도 달라 도서관과 평생교육 행정당국은 사실상 연계되기 어렵다. 따라서 평생교육센터도, 도서관도 평생교육 프로그램은 별로 체계화 하지 못한 채 번문욕례의 서류처리로 평생교육 행정의 경직성만을 지키고 있다. 그러나 평생교육의 효과를 증진하기 위해서는 근본적으로 인력과 예산, 프로그램면에서 도서관과 평생교육기관을 통합하여 경영해야만 시너지효과를 낼 수 있을 것으로 판단된다.

국가 및 지방자치단체가 진정으로 평생교육을 제대로 실현하기 위해서는 도서관이 중심이 되는 평생교육을 체계화해야 한다. 평생교육센터는 강의실만 덩그러니 있는 공허한 시설인데 반하여 도서관은 장서가 있고 역사와 문화가 있으며 주제전문 사서가 있는 평생교육에 딱 맞는 기관이기 때문이다. 공공도서관은 유네스코의 '공공도서관 선언'에서 천명한 평생교육기관으로서 평생교육과 문맹퇴치는 공공도서관의 기본 사명이기에 우리의 현실이 아무리 열악하더라도 도서관은 체계적인 평생교육 프로그램을 지속적으로 개발하여 모든 계층 시민의 평생교육에 기여하지 않으면 안 된다.

05

지역사회를 읽어라

우리는 누구나 지역사회(community)에 속해있다. '지역'이라는 단어 때문에 서울을 지역이 아닌 것으로 착각하기 쉽지만 서울도 '서울지역'이므로 역시 지역사회다. 더 세분하면 각 구청별로 강북지역, 강남지역, 성동지역, 송파지역 등 모두 지역사회이다. 전국적으로는 강원지역, 충북지역, 충남지역, 대전지역, 광주지역, 부산지역, 울산지역 등 범위가 크든 작든 모두 지역사회다.

도서관은 그 종류를 불문하고 크고 작은 지역사회에 속해있으며, 그가 속해 있는 지역사회에 정보서비스를 제공하기 위해 존재한다. 따라서 도서관은 해당 지역사회의 모든 특성과 요구를 파악, 분석하여 맞춤 서비스를 제공해야 한다. 이를 위해 도서관의 계획 단계에서 지역사회에 대한 환경적 특성을 다각적으로 조사 분석할 필요가 있다.

조사 대상으로서는 해당지역의 역사, 유형 · 무형문화재, 지리적 특징, 인구분포, 취락구조, 교육수준, 경제여건 및 특산품, 교육기관, 평생교육기관, 복지기관, 공공기관 등 모든 요소가 포함되며 이들에 대한 기초조사 및 변동 상황을 매년 파악해야 한다. 도서관은 이러한 기초자료를 바탕으로 마케팅 전략을 수립하고 장서, 인력, 예산, 프로그램, 서비스 등 최적 도서관서비스를 제공해야 한다.

지역의 역사와 지리적 특성을 조사하기 위해서 가장 유용한 정보는 그 지역의 행정기관에서 발행한 도 · 시 · 군 · 읍지 및 향토사와 민속자료들이다. 예를 들면 『忠淸南道誌』, 『忠州市誌』 등 전국의 각 지방행정기관은 해당지역의 역사, 지리, 인물 등을 자세히 기록, 전수하기 위하여 도 · 시 · 군 · 읍지를 편찬, 발간하고 있다. 또한 향토사 자료는 그 지역의 문화원, 박물관, 역사학자, 민속학자들이 연구, 발행한 자료들로서 해당지역의 역사, 지리, 문화에 대한 정보를 제공하는데, 어린이 민속과 놀이문화, 파대놀이 등 많은 전래 기록들을 활용할 수 있다. 인구통계와 교육통계, 산업통계 등은 통계청이나 지방자치단체, 교육청 등 담당 행정기관을 통하여 확보할 수 있다. 또 기존의 자료를 활용할 수 없는 도서관에 대한 요구 및 잠재적 요구조사는 도서관이 자체적으로 조사를 실시하고 통계를 작성하여 계획에 반영해야 한다.

06

지역 기관 및 단체와 소통하라

지역에는 수많은 기관 · 단체들이 존재한다. 도서관이 지역사회의 모든 시민계층에게 적절한 정보서비스를 제때에 제대로 제공하기 위해서는 지역에 산재하고 있는 각종 기관, 단체, 공 · 사기업, 시민단체 등과 유대 및 협력관계를 지속적으로 유지해야 한다. 지역사회에서의 도서관의 위상은 대체로 지역의 중요기관이라기보다는 보조적 기관으로 인식되는 경향이 있기 때문에 다른 여러 단체들의 협력이 없으면 도서관의 기능과 역할을 제대로 수행하기 어렵다.

다른 기관들은 도서관의 사회적 기능과 목적을 잘 인식하지 못하는 경우가 대부분이다. 특히 우리나라 공공기관의 장들과 직원들의 도서관에 대한 인식은 대부분 막연하고 미미하다. 도서관을 책이나 보고 소일하는 한가한 곳으로 보는 시각이 많으며, 도서관장 자리는 한직(閑職)으로서 퇴직 무렵에 잠시 쉬는 자리로 여겨 의욕 없는 공무원을 보직하는 경우가 많다. 또한 사서직(司書職)의 전문성을 폄훼하여 사서는 아무나 할 수 있고, 도서관 직원은 편해서 좋은 직장으로 인식하는 경우가 많다.

이렇게 된 근본 원인은 다른 기관 · 단체들의 문제라기보다는 도서관이 지역의 기관 · 단체와 소통하지 않고, 도서관을 올바로 마케팅하지 못한데 기인한다고 본다. 도서관의 서비스가 다른 기관들보다 앞서고 있다면, 도서관 직원들의 근무태도, 도서관 직원들의 업무 결과물들이 다른 행정기관에 비하여 우수하다고 느낀다면, 그리고 도서관 직원들이 지역사회에 대하여 도서관의 사회적 영향을 지속적으로 마케팅 한다면 도서관에 대한 인식은 달라질 것이다.

이런 점에서 도서관은 관장 뿐 아니라 전 직원이 나서서 그 지역사회에 산재하는 기관 단체들과 소통과 협력의 통로를 만들어 나가야 한다. 행정기관, 지방의회, 유치원, 초 · 중 · 고등학교 및 각종 학교, 대학, 복지기관, 고아원, 영아원, 박물관, 문화원 등을 방문하거나, 이벤트에 초청하고, 프로그램 및 서비스 정보를 교류하고, 지역의 기관장회의에 참석하는 등 활발한 소통활동을 지속적으로 전개해야 한다. 이러한 모든 활동은 지역사회에서의 도서관의 존재와 유용성을 올바로 알릴뿐 아니라 도서관의 위상과 권익을 신장시킴으로써 궁극적으로 도서관의 사명, 목적, 역할을 원활히 수행할 수 있는 바람직한 도서관 경영환경을 조성할 수 있을 것이다.

07

시민과 소통하라

도서관 이용자들은 모두 시민이다. 시민들은 각자 자신들의 여건에 따라 도서관을 이용하는 목적과 빈도가 다르다. 도서관을 이용하고 싶어도 거리 및 시간제약 또는 생업으로 인해 도서관을 이용할 수 없는 시민들도 있고, 도서관을 지척에 두고도 도서관의 유용성을 잘 몰라서 이용하지 않는 사람들도 많이 있다. 도서관에서는 도서관을 지속적으로 이용하는 사람들을 '고객'이라 하고, 여건이나 사정상 도서관을 이용하지 못하는 사람들 또는 도서관을 잘 몰라서 이용하지 않는 사람들을 '잠재고객'이라 지칭한다.

도서관은 현재의 고객에게는 도서관을 지속적으로 이용할

수 있도록 보다 새로운 서비스를 제공하고, 잠재고객들에게는 도서관의 유용성을 홍보하여 시민들을 도서관으로 끌어들여야 한다. 따라서 도서관은 현재의 고객 및 잠재고객에게 여러 가지 경로를 통해 친밀한 소통의 길을 마련해야 한다. 이러한 소통의 통로 개발은 마케팅 믹스에서 말하는 프로모션(promotion)전략으로서 도서관 경영자는 고객과의 진실한 의사소통의 방법들을 경영계획에 반드시 반영해야한다.

시민과의 의사소통방법은 우선 자원봉사자를 통한 방법이 있다. 자원봉사자는 도서관에 우호적인 '도서관의 친구들'로서 이들에게 맞춤 도서관서비스를 제공함은 물론 이들을 통하여 도서관의 프로그램이나 서비스를 그들의 지인들에게 전달할 수 있다. 둘째, 도서관에 찾아오는 고객들에게 직원들이 먼저 다가가서 그들의 필요와 요구를 파악하고 해결하여 줌으로써 현재의 고객들과 소통함은 물론 그들의 입을 통해 지역사회 잠재 고객들에게 도서관의 유용성을 전파할 수 있다. 셋째, 도서관에서 발행하는 소식지, 홍보물을 통하여 지역주민과 소통할 수 있다. 이 때 주의할 점은 홍보물이 한낱 광고용지처럼 버려지지 않도록 알찬 내용으로 제작하여 대상 고객별로 전달해야 한다는 것이다. 넷째, 이메일이나 휴대폰 문자로 소통할 수 있다. 이 경우는 고객의 이메일번호나 휴대폰

번호를 알고 있을 때만 가능하며 도서관의 회원에 한해 소통할 수 있는 제한점이 있다. 다섯째, 도서관의 홈페이지 및 블로그를 통하여 시민과 소통할 수 있다. 이 경우는 홈페이지나 블로그의 콘텐츠를 충실히 구성하고 수시로 갱신하여 최신의 상태를 유지하여야 하며, 고객의 소리를 들을 수 있는 열린 통로를 반드시 개설해 놓아야 한다.

08

문화 전승에 기여하라

도서관은 지역사회의 문화전승기관이다. 물론 지역마다 문화원이 있어 유형 · 무형의 문화재를 발굴 전승하는 활동을 하고 있다. 도서관은 문화원 및 각 급 학교와 협력하여 지역문화의 보급과 전수를 위한 자료와 프로그램을 개발하고 실행해야 한다. 해당 지역의 민속과 문화에 대한 1차 자료 및 2차 자료들을 총괄적으로 수집, 정리하여 시민들이 이용할 수 있도록 개방함은 물론 어린이 청소년들이 프로그램에 직접 참여하여 체험할 수 있는 기회를 넓혀야 한다. 이러한 문화전승 프로그램을 개발하기 위해서는 문화원, 기록관, 박물관 등과 협력하지 않으면 안 된다.

09

역사 보존에 기여하라

지역의 역사는 국가의 역사에 비해 매우 세부적이다. 그 지역에서만 전해 내려오는 전설 및 야사, 그 지역의 정치와 행정의 역사, 인물에 대한 역사, 전국적으로는 알려지지 않은 향토사가 존재한다. 지역의 역사자료는 서원, 향교, 집성촌 등을 통하여 원자료를 발굴할 수 있으며 이들 1차 자료들은 곧 그 지역 역사연구의 기초가 된다. 역사자료 및 유물들은 그 지역의 박물관에서 수집, 고증, 전시, 관리하는 것이 보통이지만 도서관도 박물관과 협조하여 향토사 자료의 수집 및 보존에 적극 나서야 한다.

우리나라의 도서관들은 역사자료의 발굴, 보존에 미온적인 것 같다. 역사가 오래된 도서관이라도 향토자료실은 빈약한 경우가 허다하다. 향토자료실이 설치되어 있다고 해도 역사자료를 담당할 사서직원이 배치되어 있지 않은 경우가 많아 창고처럼 방치된 경우도 쉽게 찾아볼 수 있다. 또 자료를 전시용으로 유리 상자에 넣어두어 박물관과 별로 다를 바 없이 관리하는 경우도 있고, 담당직원이 한문을 몰라서 자료의 제목조차 읽어내지 못하는 경우도 있어 역사자료의 보존 및 서비스를 제대로 하지 못하고 있다. 이런 면에서 도서관 경영자와 사서들은 역사자료 보존의 필요성과 중요성을 깨닫고 향토사자료의 발굴 보존에 힘써야 한다. 공공도서관은 그 지역의 향토사자료를, 대학도서관은 그 대학의 역사자료를, 전문도서관은 그 기관 또는 회사의 역사사료를 보존하고 활용시킬 수 있는 유능한 인력과 시스템을 갖추어야 한다.

10

도서관의 법칙을 상기하라

도서관의 법칙은 도서관의 사회적 필요성과 중요성을 체험하고 이론과 실무를 발전시켜온 도서관 선각자들의 경험이 축적되어 형성된 것이다. 따라서 도서관의 법칙은 형이상학적, 관념적 철학에서 나온 것이라기보다는 도서관 직원들의 경험에서부터 형성되어온 '경험법칙'이라 할 수 있다.

도서관의 법칙은 도서관의 사회적 가치 판단에 있어 기준을 제공하는 근거가 된다. 도서관의 법칙은 '경험에서 나온 지혜'이기 때문에 역사적으로 도서관을 훌륭하게 만들었던 선각자들의 경험과 지혜에서 도출된 것이다. 오늘의 도서관을 경영하고 있는 우리들은 선각자들이 수립해 놓은 도서관의 법칙을 도서관 현실에 적용할 수 있도록 최선의 노력을 다해야 한다.

랑가나단의 도서관학 5법칙

여기의 도서관학 5법칙과 설명은 랑가나단 저, 최석두 역, 『도서관학 5법칙』에서 인용한 것이다. 다만 제4법칙의 설명은 발췌하지 않고 필자가 요약하였다.

제1법칙 "도서는 이용하기 위해서 있는 것이다.
(Books are for use)"

이 법칙의 정당성을 의심하는 사람은 아무도 없을 것이다. 그러나 현실적으로는 이야기가 다르다. 도서관 당국은 이 제1법칙을 좀처럼 염두에 두지 않는다(랑가나단 저, 최석두 역, p.27).

제2법칙 "누구에게나 그의 도서를(Every person his or her books)"

책이 교육의 도구라면 "누구에게나 그의 도서를"이라는 법칙은 "누구에게나 교육을"이라는 생각을 전제로 한다. 여기에 근본적인 문제가 있다. "누구라도 교육받을 자격이 있는가?"

라는 질문에 대한 답을 역사적으로 보면 현실 속에서는 제2 법칙 역시 도서관 당국의 마음에는 거의 없었다는 것을 알 수 있다(랑가나단 저 최석두 역 p.87).

제3법칙 "모든 책은 독자에게로(Every books its readers)"

제3법칙을 만족시키기 위해서 도서관이 채택하고 있는 방법은 개가제이다. 개가란 자신의 서재와 같이 자유롭게 장서를 보거나 조사할 기회를 의미한다. 개가제 도서관의 이용자는 마음대로 돌아다니며 아무 도서나 손댈 수 있다. … 중략 … 보다 중요한 것은 이용자가 도서를 발견하는 빈도가 높아진다는 것이다. "이 책이 여기에 있을 줄이야"하고 기분 좋게 놀라 외치는 이용자가 없는 날은 하루도 없는 것이다(랑가나단 저, 최석두 역. pp.268-269).

제4법칙 "이용자의 시간을 절약하라"(Save the time of readers) (랑가나단 저, 최석두 역, p.298).

이 법칙은 이용자 중심의 사고방식에서 나온 것이다. 이용자가 도서관을 이용할 때 자료의 검색에서부터 대출과 반납, 그리고 내부와 외부의 이용에 있어 이용자에게 가장 편리하고 신속한 서비스가 되도록 해야 한다는 의미이다. 예를 들면, 목록의 시스템이나 대출 및 반납 절차가 찾기 쉽고 간편해야 하며 서가도 이용자가 알기 쉽게 배치해야 하는 것이다.

제5법칙 "도서관은 성장하는 유기체이다."
(A library is a growing organization)

성장하는 유기체만이 살아남을 것이라는 것은 일반적으로 인정되고 있는 생물학상의 사실이다. 성장을 멈춘 유기체는 생기를 잃고 소멸한다. 제5법칙은 시설로서의 도서관이 성장하는 유기체의 속성을 모두 가지고 있다는 사실에 주의를 환기시킨다. 성장하는 유기체는 새로운 물질은 취하고 헌 물질은 버리며 크기를 바꾸고 새로운 모양이 된다(랑가나단 저, 최석두 역, p. 336). 도서관도 이와 같다.

랑가나단의 도서관학 5법칙은 1931년에 나온 것으로 도서관학의 '고적적인' 법칙이라 할 수 있다. 또한 랑가나단의 도서관학 5법칙은 매우 간단하고 상식적이어서 이런 상식이 과연 법칙인가 의심이 가기도 한다. 그러나 그의 법칙 하나하나를 곰곰 생각해 보면 오늘의 도서관들도 이러한 기준을 별로 충족하지 못하고 있다는 사실에 놀라게 된다. 진리는 간단한 것인지 모른다. 그러나 그 실천은 매우 어렵다는 것을 랑가나단의 '도서관학 5법칙'을 통해서 다시 한 번 깨닫게 된다. 랑가나단의 도서관학 5법칙은 주창한지 86년이 지났지만 오늘에 있어서도 그 생명력을 발휘하고 있다.

도서관의 새로운 5법칙

시대는 변화하고 있다. 도서관도 시대의 변화에 보조를 맞추어 나가야 한다. 랑가나단의 도서관학 5법칙 이후 정보기술의 발전과 정보사회로의 전환 등 세기적 변화가 진행됨으로써 이러한 급변의 시대에 도서관은 어떠한 가치를 유지할 것인가를 고민해 왔다. 1995년 미국의 문헌정보학자 Walter Crawford와 Michael Gorman은 『Future libraries ; dream, madness and reality』라는 저서에서 도서관학의 새로운 5법칙을 제시하였다. 이 새로운 5법칙은 정보사회의 시대적 변화를 반영한 것이라고 볼 수 있다. 이들을 소개하면 다음과 같다.

1. Libraries serve humanity.
   도서관은 인류를 위해 봉사한다.

2. Respect all forms by which knowledge is communicated.
   인간의 지식을 전달하는 모든 형태의 매체를 소중하게

생각하라.

3. Use technology intelligently to enhance service.
도서관 봉사를 증대하기 위하여 과학기술을 현명하게 이용하라

4. Protect free access to knowledge.
누구에게나 자유로운 지식의 접근을 보장하라

5. Honor the past and creat the future.
과거를 존중하고 미래를 창조하라.

도서관학의 새로운 5법칙은 정보사회의 도서관 철학의 변화를 반영하고 있다. 정보사회 속에서도 도서관의 본질과 목적은 언제나 인간을 위한 것임을 상기할 것, 발달되고 있는 매체들을 모두 소중히 여겨 수집 보존 이용시킬 것, 과학기술을 도서관의 경영에 잘 활용함으로써 기술적 편리를 향상시킬 것, 이용자의 자유로운 접근을 보장할 것, 온고지신의 정신으로 미래를 개척해 나갈 것 등을 명쾌하게 제시하고 있다. 랑가나단의 도서관학 5법칙이 고전적 법칙으로서 생명력을 갖는다면, 도서관학의 새로운 5법칙은 정보사회의 선도를 위한 도서관 경영철학으로서의 생명력을 지닌다고 하겠다.

도서관의 역사원리

영국의 대학도서관 사서이자 도서관 역사가인 James Thompson은 1977년 그의 저서 『A history of the Principles of Librarianship』에서 세계도서관사의 통찰을 통해 17개 항에 이르는 도서관의 역사원리를 도출하였다. 여기서는 각 원리의 요약 부분만을 소개한다.

제1원리 : 도서관은 사회가 창조 한다

(The first principle of librarianship is : Libraries are created by society).

도서관을 그 기원으로부터 오늘에 이르기 까지 역사적으로 조사해보면 도서관은 언제나 그가 속한 사회와 운명을 같이해 왔다는 것이 명백하게 드러난다. 고대 아시리아의 니네베의 도서관은 아슈르바니팔의 지배와 밀접하게 연관되어 있다. 아슈르바니팔과 3명의 전임자들(사르곤, 싼하리브, 에싸르핫돈)은 페르시아만에서 지중해에 이르는 서아시아의 아시리아 왕국을 지배하였다. 아슈르바니팔은 니네베를 왕도로 정하여 행정의 중심지, 문명의 심장부로 삼았다. 그리고 니네베에 도서관을 세웠다. 이 도서관은 당시 사회의 모든 지식을 저장하는 곳일 뿐 아니라 지식을 보급하는 수단이기도 하였다.

이와 유사하게 대 알렉산드리아도서관은 알렉산드리아

의 지배적인 열망을 충족하기 위하여 설립되었다. 즉 헬레니즘의 지식과 문화전파에 초점을 맞춘 것이다. 알렉산드리아는 서기전 331년에 알렉산더대왕이 세운 도시로서 그는 특히 그가 정복하는 곳마다 그리스의 언어와 문화를 전파하려 하였다. 그의 이러한 의도는 그의 부하인 포톨레미 소터(서기전 323~285)에 의해 결실을 맺었다. 포톨레미 소터는 마침내 이집트를 정복하여 서기전 300~290년 사이에 유명한 알렉산드리아도서관을 세웠다. 소터는 3세기 동안이나 지속된 대제국을 세웠으며, 700년 동안 지상의 불가사의로 여겨진 대도시 알렉산드리아를 건설하고, 900년 동안 지식의 횃불이 된 도서관을 건립했던 것이다.

고대 로마의 도서관들은 로마의 문명을 집약하였다. 중세의 도서관들은 당시의 지배 세력인 교회의 창조물이다. 19세기 이후에는 민주주의와 대중교육의 확대로 공공도서관이 출현하였다. 민주사회의 도서관은 더 이상 엘리트만을 위한 보존 장소가 아니며, 대중교육이 필요로 하는 지적 영양분을 공급하는 곳으로 변화되었다.

역사적으로 도서관과 사회와의 관계는 도서관 건물의 변천에서도 찾아볼 수 있다. 초기에는 도서관들이 궁전이나 사원의 구내, 수도원이나 성당의 구내에 위치하였다. 그 뒤 국가적인 프라이드와 열정을 반영하여 웅장하고 기념비적인 도서관 건물이 출현하였다. 민주주의의 발전에 따라 도서관의 건물은 시민의 궁전으로 디자인되었다.

제2원리 : 도서관은 사회가 보존한다

(The second principle of librarianship, a corollary of the first, is: Libraries are conserved by society).

두 번째 원리는 첫 번째의 원칙의 필연적인 결과로서 : 도서관은 사회가 보존한다는 것이다. 자료는 자료 자체의 소멸 가능성, 이용자의 부주의, 일반적 무관심, 고의적인 손상, 공기환경조건, 책벌레 및 해충으로 악화되고 소멸된다. 그러나 사서의 도서관 관리자로서의 노력에도 불구하고 책과 도서관에 가장 해를 끼치는 것은 외부적인 재난이나 사고이며, 가장 빈번한 것으로는 사회적인 분쟁 - 그것이 시민분쟁이든 종교분쟁이든 관계없이 - 이라는 것이 도서관의 역사적 사실이다.

서기전 221년에 중국의 진시황은 농업, 점성술, 의학에 관한 책 이외의 모든 책을 없애라고 명령했다. 그리스도 시대에도 성 바울의 설교에 따라 에베소인들은 이단의 서적들을 가져다가 불태웠다.

알렉산드리아 도서관은 서기전 48년 시저의 알렉산드리아

전쟁에서 화재로 소실되었고, 서기 640년 회교 교주인 터키 국왕 오마르의 사주를 받은 사라센인들이 다시 불태웠다. 오마르는 코란과 알라에 동의하는 그리스의 작품은 필요치 않으며, 그에 동의하지 않는 작품은 유해하므로 파괴해야 한다고 선언하였던 것이다.

침입자들은 5세기에 로마와 이탈리아에 거의 모든 도서관을 파괴하거나 흩트려 놓았다. 서기 330년에 콘스탄틴 대제가 콘스탄티노풀에 설립한 제국도서관은 서기 477년에 화재로 소실되었다. 카르타고가 완전히 파괴 되었을 때 그 도서관도 파괴되었다.

영국의 앵글로색슨시대에는 수도원 도서관들이 계속적으로 약탈, 파괴되었다. 1537~9년 헨리 8세에 의한 수도원의 해산, 1525년 독일의 농민 전쟁, 1561과 1589년 사이 프랑스에서의 위그노전쟁, 모두가 도서관을 심하게 파괴하였다. 종교분쟁은 도서관사에 중대한 오점을 남겼다. 터키국왕 오마르와 헨리8세는 책의 파괴와 관련하여 오랫동안 악명을 남긴 두 사람이다. 또 초기에는 이교도들이 그리스도교 서적을 불태웠고, 반대로 그리스도 교도들이 이교도의 책을 불태웠다.

20세기에 와서도 1933년 히틀러 독재하의 도서관들은 수난을 당했다. 제2차 세계대전시에 영국에서만 적의 행동으로 인한 책의 손실은 총 2천만권이 넘었다.

반대로 역사적으로 사회가 도서관을 안전하게 지키려고 했을 때 도서관은 잘 보존되었다. 물리적인 보존 면에서 예를 들면 고대의 도서관들은 궁궐이나 사원의 안전한 구내에 위치하였다.

시민혁명이 도서관의 안전에 상당한 관심을 보였다는 것은 특기할만한 사실이다. 프랑스혁명 시기에 모든 종교도서관들은 국가재산으로 선언되어 그 속의 모든 책과 원고를 국가에 귀속시켰다. 귀족이 소유하던 모든 책도 몰수되었다. 그 결과 8백 만 책 이상이 프랑스 각지에서 모아졌고 적절한 보존을 위하여 정리되었다. 이와 비슷하게 러시아혁명 직후 1918년에서 1923년에 많은 수의 책과 도서관들이 레닌주 도서관으로 옮겨졌다.

역사적으로 볼 때 도서관의 가장 강력한 적은 관리자로서의 사서의 통제를 벗어나 있다는 것이 분명하다. 보존의 문제에서 사서들은 관리자 역할밖에 할 수 없다. 그들은 도서관 자료를 재생하고 보강할 수 있다.-그것이 점토판이든 파피루스 두루마리든, 양피지원고 혹은 인쇄물이든, 그들은 적절한 보존 환경을 조직하고 설계하며 이용을 지도할 수 있다. 그러나 그들은 도서관의 궁극적인 존재에 대해서는 아무런 힘이 없다. 사회가 도서관을 창조한 것과 마찬가지로 사회가 도서관을 보존하는 것이다.

제3원리 : 도서관은 지식의 보존과 전파를 위한 것이다
(The third principle of librarianship is : Libraries are for the storage and dissemination of knowledge).

아슈르바니팔왕이 니네베에 도서관을 세운 것은 그 당시 알려진 전 세계의 종교, 역사, 지리, 법률 과학지식을 수집하고 나아가 이러한 지식을 백성들에게 이용시키려는 의도에서였다. 알렉산드리아도서관 역시 궁극적으로는 당시에 존재했던 모든 지식의 보존을 목적으로 한 세계적인 도서관이었다. 이는 그 도서관 최초의 사서였던 데모트리오스가 공식적으로 선언한 목적이었다. 그리고 니네베도서관과 마찬가지로 알렉산드리아도서관도 지식의 보존뿐만 아니라 전파에 목적을 두었는바 프톨레미 휘하 일군의 학자들이 그곳에 모여 도서관 자료를 이용하여 연구를 수행하였다.

중세 때에는 지식의 전파보다 보존을 중시하는 경향을 띠었으나 동일한 원리가 유지되었다. 당시에 책이 없는 수도원이나 수녀원은 없었으며, 이러한 신념은 "도서관이 없는 수도원은 무기고 없는 성과 같다"는 중세 때의 경구에도 잘 나타나 있다.

지식의 보존과 전파에 대한 원리는 근세로 이어져 왔다. 18세기 중엽의 대영 박물관도서관은 그 거대한 지식의 저장고를 세상에 개방하였으며, 그 결과 그곳의 지식을 활용할 수 있었던 많은 사람들의 노력의 결과 세계의 지식은 더욱 풍요롭게 되었다. 그 가운데는 워즈워즈, 월터 스콧, 찰스 램, 콜리지, 매큐레이, 테커레이, 딕켄스, 칼 마르크스, 버나드 쇼 등 유명한 인사들이 있었다. 의회도서관은 인류의 모든 지식을 소장하고 그곳을 찾아오는 모든 사람들에게 개방하였다. 도서관은 2500년 이상 지식의 독점적인 보존소였다. 도서관은 사람들이 영구적이고도 종합적인 정보에 접근할 수 있는 인간이 만든 유일한 기관이었던 것이다.

이 원리의 두 번째 부분인 도서관은 보존 뿐 아니라 전파를 위해서 존재한다는 원리는 수세기에 걸쳐서 그 증거를 찾을 수 있는데, 사회에는 항상 도서관이 도덕적, 사회적, 정치적, 교육적으로 영향을 미쳐왔다는 것이다(역사상 도서관의 파괴는 도서관의 영향을 배제하려는 권력자들의 선동에 의해서 이루어졌다). 만일 도서관이 단지 보존창고로서만 여겨졌다면 도서관은 사회에 어떠한 영향도 미치지 못했을 것이다. 왜냐하면 도서관에 있는 지식은 땅속에 묻혀 있는 활력 없는 재능(죤 듀리의 유명한 말)에 지나지 않았을 것이기 대문이다

제4원리: 도서관은 권력의 센터이다
(The fourth principle of librarianship is: Libraries are centres of power).

17세기에 프랑시스 베이컨은 "지식은 힘이다."라고 기록하고 있다. 그런데 도서관은 지식을 소장하고 있으므로 당연히 힘의 센터가 되는 것이다. 이러한 두 가지 사실은 도서관사에서 여러 가지 방식으로 나타나고 있다.

초기의 도서관들은 정신적, 세속적 권력의 중심지인 사원이나 궁전에 위치하고 있었다. 당시의 사서들은 상류계급 출신이거나 높은 정치적, 종교적 지위를 가진 사람들이었다. 중세 때에 도서관들은 교회의 권력을 과시하는 중요한 부분이었다.

도서관이 권력의 센터라는 것은 수세기에 걸쳐 이어져 온 웅장한 건물에서 더욱 두드러지게 나타나고 있는데, 르네상스 시대의 메디치가 도서관이나 스페인의 엘에스꼬리얼 도서관으로부터 1720년 찰스 6세가 비엔나에 건립한 거대한 국립도서관과 1780년에 프레데릭데제가 세운 베를린도서관을 꼽을 수 있다.

도서관과 권력의 연계는 우리시대에 와서도 분명하게 남아있다. 1897년까지 미 의회도서관은 국회의사당 안에 위치하였는바 그곳이야 말로 세계에서 가장 강력한 국가의 통치 장소인 것이다. 그러나 그러한 미 의회도서관의 위치는 3000년 동안 이어져온 전통의 계승에 불과한 것이다. 군주나 교회의 권력자, 민주주의 의회 등 권력이 있는 곳에는 어디든지 도서관이 자리 잡고 있었던 것이다.

제5원리 : 도서관은 모든 사람을 위한 것이다
(The fifth principle of librarianship is: Libraries are for all).

도서관을 대중이 이용한 증거는 도서관사의 초기부터 나타난다. 기원전 17세기에 아슈르바니팔의 거대한 점토판 장서들은 신하들의 교육을 위해 마련된 것이며, 공중의 이용을 위하여 궁전의 중심에 위치하였다. 도서관의 역사가인 에드워즈 에드워드는 이를 '점토판공공도서관'이라고 명명하였다. 그리고 알렉산드리아도서관의 최초의 사서였던 데모트리오스는 기본적으로 장서 수집가였지만, 그의 후임자인 제노도투스는 도서관을 공중이 자유롭게 접근하여 이용할 수 있도록 최대의 노력을 기울였다.

아테네의 폭군인 페이시스트라투스도 그의 장서를 공중에 개방하였다. 기원전 3세기말까지 그리스 전역에 걸쳐 모든 주요 도시에 도서관이 설치되어 있었으며, 시민이면 누구나 그곳에서 연구를 수행할 수 있었다. 로마에서는 일반인이 이용할 수 있는 거대 장서를 보유한 공공도서관 사상이 초기 로마제국의 아우구스투스황제 때 실현되었는데 그는 두 개의 공공도서관을 지었다. 하나는 팔라틴 언덕의 아폴로사원 도서관이며, 또 다른 하나는 캠퍼스 마티우스의 옥타비안 도서관이었다. 그 후 가이우스 아시니우스 폴로(기원전 76년~기원후 4년)는 아벤틴 언덕의 아트리움 리버태티스에 공공도서관을 설립하였는데 이는 매우 기념비적인 것이어서 프린니라는 사람은 그 도서관을 '공공이 소유하는 인간의 재능과 정신적 권력'이라는 문구로 표현하였다.

중세 도서관의 위대한 역사가인 죤 윌리스 클라크는 모든 도서관은 실질적으로는 공공도서관이라고 주장하였는데 수도원 도서관들이 중세의 공공도서관이었다는 것이다. 그러나 또 다른 유명한 도서관사가인 엘마 디 죤슨은 도서관이 과거 유산의 보존 뿐 아니라 일반인의 이용을 위해 개방되어야 한다는 사상에 힘을 실어준 것은 중세의 대학도서관이었다고 기술하였다. 또 다른 역사가인 씨 세이모어 톰슨은 르네상스와 종교개혁 이전에는 진정한 의미의 공공도서관은 불가능하였다고 주장하였다.

이러한 새로운 공공도서관 사상은 17세기 가브리얼 노데와 죤 듀리의 저술에서 명백하게 나타난다. 노데는 그의 도서관을 전 세계에 예외 없이 공개한다고 선언하였다. 듀리는 도서관은 공공의 이용이 활성화되지 않는 한 죽은 물체에 불과하다고 기록하고 있다.

그러나 도서관이 만인을 위한 것이라는 원칙이 충분히 실현된 것은 19세기에 영국과 미국에서 공공도서관운동이 일어난 이후의 일이다. 이 원리는 이제 전 세계에 전파되어 모든 도서관의 시스템 및 설계에 실질적으로 반영되고 있다.

제6원리 : 도서관은 반드시 성장한다

(The sixth principle of librarianship is : Libraries must grow).

중세 때조차도 초창기에 도서관이 설립될 때에는 불과 수백 권의 장서를 한 두 개의 책상자속에 넣어 수도원의 한 모퉁이에 보관하였지만 그래도 도서관은 성장하였다. 도서관들은 첫째로 이용자들이 적정하다고 생각하기 이전에 어떤 규모를 달성해야만 하는 규칙이 있었다. 예를 들면 베네딕틴 룰에는 최소한 사제 1인당 1권을 확보해야 한다고 규정하고 있었다. 둘째로는 다른 어느 시대의 도서관들과 마찬가지로 중세의 도서관들도 지식의 성장에 보조를 맞추어야 했다. 종교서적에서 출발한 도서관은 인문학의 부흥으로 장서가 더욱 증가되었다. 특히 중세 대학도서관은 법률학, 의학, 문법학,

논리학을 연구하였으므로 도서관이 지속적으로 그 규모와 범위를 확장하지 않으면 안 되었다. 도서관의 장서는 결코 고정되고 정체되어 있을 수 없었다.

사실 중세 때의 도서관의 성장은 느림보 상태였거나 많은 어려움을 겪어야 했다. 장서의 수는 필사자의 노력에 의해서만 증가될 수 있었다. 필사실의 승려들은 선임자들이 훈련 시켰으며 그들은 종교적인 의무로서 필사 작업을 수행하였다. 그러나 중세 말인 14세기와 15세기에는 주요 수도원이나 성당의 장서수가 수백에서 수천으로 증가하였다. 배움의 등불은 고대 도서관들의 멸망이후 르네상스와 인쇄술의 전파로 부흥하기까지의 중세 암흑기에도 희미하게나마 타오르고 있었다.

인쇄시대 특히 19세기 윤전기의 발명으로 책의 대량 생산시대가 도래하였다. 따라서 도서관은 단순히 성장하는 정도가 아니라 기하급수적으로 성장하였다. 유럽 도서관들의 화려한 구조는 장서 수에 맞추어 급격히 변화되었다. 벽 선반에 책을 진열했던 단칸방의 도서관 시대는 곧 막을 내리게 되었다.

국가도서관, 공공도서관, 대학도서관 모두가 도서관은 반드시 성장한다는 원리를 보여주는 좋은 사례들이다. 1800년에 설립된 미 의회도서관을 예로 들면 1807년까지 장서는 약 3,000권이었다. 그 후 1814년 영국군에 의해 파괴되었으나 이듬해에 토마스 제퍼슨 전 대통령의 장서 6,487권을 구입하여 재건하였다. 그리하여 1836년에는 24,000권으로 증가하였다. 1851년에 화재로 부분 소실되었으나 1863년에는 장서수가 79,214권에 이르렀다. 그로부터 100년후인 1970년에는 16,000,000권의 장서와 30,000,000권의 원고본, 그리고 축음기 레코드, 필름, 사진, 지도 등 비도서자료를 포함하여 총 64,000,000점을 소장하게 되었다.

공공도서관의 성장에 대해서는 뉴욕공공도서관에서 현저한 예를 찾을 수 있다. 1895년까지는 기록이 없으나 1970년 초에는 8,500,000권으로 성장하였다. 대학도서관의 성장은 더욱 극적으로 이루어졌다. 퍼몬트 라이더의 계산에 의하면 미국의 대학 도서관들은 16년마다 2배로 성장하였다. 1683년에 설립된 하버드대학은 1780년에 12,000권, 1831년에 39,605권, 1849년에 96,200권, 1876년에 227,650권, 1900년에 560,000권, 1925년에 2,416,500권, 1938년에 3,941,359권, 그리고 1970년까지 9,000,000권에 이르렀다.

이와 같은 수치로 볼 때 도서관은 반드시 성장한다는 원리는 부인할 수 없다. 세계의 도서관계는 모든 종류의 도서관에서 무한정으로 성장하는 도서관의 문제를 해결할 수 있는 후속 원리의 출현을 기다리고 있는 중이다. 그러나 믿을 수는 없지만 그러한 원리가 출현한다 해도 도서관의 역사는 그러한 기대가 아직은 시기상조임을 보여주고 있다. 그러나 도서관은 성장은 하지만 영원히 존속되는 것은 아니다. 대 알렉산드리아도서관은 결국 사라져 갔다. 영국에 있던 800개 이상의 중세 종교도서관들은 모두 사라졌다. 또한 점토판, 파피루스 두루말이, 양피지 코덱스는 모두 다른 매체로 대체되었다. 따라서 인쇄된 책이 이처럼 다른 매체로 대체되지 말라는 역사적인 이유는 없는 것이다.

제7원리 : 국립도서관은 모든 국가적 문헌과 다른 나라의 대표적 문헌을 소장해야 한다

(The seventh principle of librarianship is : A national library should contain all national literature, with some representation of all other national literatures).

니네베 도서관에서 아슈르바니팔왕은 모든 아시리아 문헌들을 수집하였다. 그중에는 종교서, 기도문, 주술문, 종교의식에 관한 책, 마법서, 역사자료, 정부, 지리, 법률서적, 전설, 신화, 천문학, 점성술, 생물학, 수학, 의학, 자연사 등과 대사(大使) 간에 오고간 외교문서를 비롯한 정부간행물들이 포함되었다. 또한 아시리아 문헌과 더불어 다른 나라의 문헌과 번역

물도 있었는데, 수메리아와 바빌로니아의 대표적인 옛 문헌들이 포함되어 있었다.

알렉산드리아도서관 최초의 서서인 데모트리오스의 수서정책은 전 세계의 모든 문헌을 수집하는 것이었다. 알렉산드리아도서관은 헬레니즘 문헌을 완벽하게 구비하는데 목적을 두었으며 나아가 히브류 성경이나 고대 이집트의 서적, 페르시아 및 라틴의 문헌 등 다른 나라들의 대표적인 문헌들도 수집하는 데 목적을 두었다.

근대에 이르러서도 동일한 원리가 유지되었다. 대영박물관도서관의 국가문헌 수집정책은 19세기 위대한 사서 안토니오 페니찌가 분명하게 기술하고 있다. 그는 "영국의 도서관은 영국의 문헌과 대영제국에 관련되는 모든 문헌 예컨대, 종교서, 정치, 문학, 과학서, 법률, 제도, 상업, 예술 등 모든 문헌을 수집해야 한다고 기록하고 있다. 더욱이 값비싼 희귀서일수록 이를 구하기 위하여 더욱 노력하여야 한다."고 기술하고 있다. 이 원리의 두 번째 부분인 다른 나라의 대표적인 문헌의 수집에 관련해서는 지금은 영국 도서관의 개편으로 마련된 참고봉사국의 기록 속에 나타나 있다. 영국도서관의 최초 연례보고서(1973~74)에는 새로운 참고 봉사국의 목적은 "영국의 책이나 원고본, 문서들만이 아니라 가능한 한 전 세계, 전 주제의 주요 문헌들과 외국에서 간행된 특정 주제 문헌들도 구입, 기증, 교환을 통하여 수집해야 한다."고 기록하고 있다.

제8원리 모든 책은 이용하기 위한 것이다
(The eighth principle of librarianship is : Every book is of use).

이 원리를 뒷받침하는 것으로는 2가지 증거가 있다. 첫째는 어떤 책임 있는 사서나 학자라도 지난 3000년 동안 일어났던 수많은 재난으로 인해 손실되지 않고 남아있는 단 한권의 책이라도 대단히 소중한 것이라고 기록하고 있다는 것이다. 아시리아의 학자들은 니네베에 남아 있는 점토판을 대단히 소중하게 여긴다. 학자들은 알렉산드리아도서관에 있던 어떤 책이라도 발견한다면 대단히 기뻐할 것이다. 영국의 수도원 도서관이 파괴, 소산된 이후에 남아 있는 어떠한 중세의 책이라도 소중히 여겨질 것이다. 진시황이나 이교도들, 캘리프 오마르에 의해 사라진 어떤 책이라도 발견된다면 매우 가치가 있을 것이다. 비교적 최근에 없어진 자료들도 매우 애석하게 생각되고 있다. 예를 들어 레이몬드 어윈은 당시 도서관장서의 주류를 이루었던 1770년과 1800년 사이에 발행된 영국의 소설 가운데 절반이상이 없어져 더 이상 발견되지 않고 있다고 지적하고 있다.

두 번째의 증거는 과거 수세기 동안 사서들이 남긴 기록에서 찾을 수 있다. 가브리얼 노데는 “어떠한 책이든지 아무리 하찮고 가치 없는 책이라도 어느 누군가는 찾게 된다.”는 유명한 말을 남겼다. 에드워드 에드워드는 국가도서관의 기능에 대하여 다음과 같이 기록하고 있다. 즉 국가도서관은 “백과사전적인 저장고가 되어야 하며 기념비적인 문헌 뿐 아니라 하찮은 자료도 구비하여야 한다.” 윌리엄 브레이드는 “고서를 보유한다는 것은 신성한 것이다.” 라는 열정적인 말을 남겼다. 즉 “고서는 어떤 주제나 내용에 관계없이 나라의 진실한 역사의 일부이다. 우리들은 그것을 모방하고 복사할 수 있다. 그러나 우리는 결코 그것을 정확하게 재생할 수는 없다. 역사자료는 잘 보존되어야 한다.”

최근의 저자들은 이 원리를 더욱 발전시켰다. 어니스트 세비지는 “비록 그 문헌이 당장은 소용이 없다고 하더라도” 모든 종류의 책들을 입수 보존하여온 초기의 사서들을 칭송하고 있다. 헨리 이블린 블리스는 도서관의 장서는 죽은 책이나 곧 죽게 될 책이지만 그럼에도 불구하고 그러한 자료들은 어디엔가는 보존되어야 한다고 詩的으로 표현 하였다. 왜냐하면 “그들 중에는 언젠가는 매우 가치가 있을 것이기 때문이다. 또 가치는 없다 하더라도 언젠가는 찾는 독자가 있기 때문"이다. 퍼몬트 라이더는 연구도서관의 장서 증가문제와 관련하여 다음과 같이 파악하고 있다. "모든 것은 어디엔가는 보존할 필요가 있다." 그럼에도 불구하고 그것은 최소 형태로 어디서든 무엇이든 접근할 수 있도록 유지되어야 한다.

제9원리 : 사서는 교육을 받은 자라야 한다

(The ninth principle of librarianship is: A librarian must be a person of education).

고대 이집트의 사서들은 높은 수준의 교육을 받은 사람들이었다. 고대 바빌로니아와 아시리아의 사서들도 마찬가지다. 알렉산드리아 도서관 최초의 사서인 데모트리우스는 철학자로서 아테네 최고의 교양을 갖춘 문인이었다. 그 후 그를 계승한 수많은 사서들도 모두 유명한 학자였다. 그들 중 가장 뛰어난 인물은 칼리마쿠스인데 그는 당대의 위대한 학자로서 서지학의 창시자이며 훌륭한 애서가였다.

고대 로마에서는 도서를 담당하는 대리인들이 수많은 공공도서관을 황제의 이름으로 관리하였으며 그들의 보직에는 일반적으로 잘 알려진 유명한 학자들이 임명되었다. 예를 들면 하드리안의 시대에는 로마에 있는 그리스와 라틴도서관들은 소피스트인 율리스 베스티무스가 관장하였다.

초기의 예에서부터 도서관의 역사를 통시적으로 살펴보면 모든 유명한 사서들은 교육을 받은 사람이라는 것을 확인할 수 있다. 현대에는 특히 세 사람의 위대한 사서 에드워드 에드워드와 안토니오 페니치, 멜빌 듀우이를 꼽을 수 있다. 이들의 전기에서도 이 원칙의 유효성을 발견할 수 있다.

에드워드 에드워드는 메리러본 언어학교장인 에드윈앱보트의 도움을 받긴 했지만 주로 독학으로 공부하였다. 그는 열성적인 독서가였고 평생 학생이었으며 수많은 학문적 업적을 남겼다. 안토니오 페니치는 17세 때에 파르마대학에 입학하여 4년 뒤 법학사 학위를 취득하였다. 그 후 정치적인 이유로 영국으로 망명하여 런던대학에서 이탈리아어문학과의 학과장을 역임하였다. 그는 생애를 통해서 영국박물관도서관의 인쇄본 관리인으로서의 업적을 남겼으며 사서로서의 활동과는 별도로 보야르도와 단테의 작품을 편찬하기도 하였다. 멜빌 듀유이는 생의 출발부터 꾸준히 공부하고 독서하였다. 그는 아머스트대학을 졸업하였으며 위대한 듀이 십진분류법을 창안해 내었던 것이다.

제10원리 : 서서는 교육자이다

(The tenth principle of librarianship is: A librarian is an educator).

이 원리는 17세기에 존 듀리가 그의 저서 '도서관 관리자의 개혁'에서 가장 명백하게 선언하였다. 듀리는 도서관직을 '안이한 생계'의 수단으로 여기는 사서들을 경멸하였다. 그리고 그는 다음과 같은 도서관철학을 피력하였다. "만일 도서관 관리자가 자기 업무의 본질을 이해한다면 그들은 공공에 유익하도록 역할을 수행하면서 세계적, 보편적 학문의 진보를 위한 대리인의 역할을 하여야 할 것이다."

사서는 교육자이며 학문발달의 대리인이라는 듀리의 믿음은 그로부터 300년 후 헨리 이블린 블리스에게 큰 영향을 주었는데 그는 '자료의 조직과 교육자'로서의 사서에 대하여 '도서관에서의 지식의 조직자' 라는 저술을 남겼다. 이것은 또한 에드워드 에드워드, 안토니오 페니찌, 멜빌 듀이의 생애에도 영향을 미친 원리이기도 하다.

에드워드 에드워드는 그의 도서관에 관한 기록에서 사서직의 의무를 정의하였다. 그는 사서직이란 결코 부나 명예와는 무관하며 오히려 사회적 무관심과 오해에 노출되어 있다고 지적하였다. 그럼에도 불구하고 "사서는 계몽적이고 열정적인 기능을 수행함으로써 그 속에서 작품이 이루어지고 그가 생의 마감에 이르는 긴 여정에서 정신적인 수확의 건강한 씨앗들이 모여지게 된다."

에드워드는 확고한 원칙을 가지고 살았다. 청년시절 이후 그는 교육의 증진을 위해서 여러 가지 활동에 자발적으로 참여하였다. 예를 들면 그는 중앙교육협의회와 런던 예술연합에 관여하였다. 맨체스터 도서관 서서로서 어려운 기간에도 그는 공립학교연합에 지원을 아끼지 않았고 1870년 교육법을 제정하는 데 기여하였다.

페니치가 정치적인 이유로 이탈리아를 떠나 영국에서 처음으로 한 일은 교사직이었다. 가르치는 직업은 그가 1828년 런던대학교 이탈리아어과 학과장을 맡으면서 최고조에 달하였다. 영국의 박물관도서관에서 사서로서의 전성기를 보내는 동안 그의 사상은 업무조사위원회위원으로서 선발되기 전에 그가 행한 다음과 같은 말 속에 요약되어 있다. 즉 "나는 가난한 학생을 좋아한다. 마찬가지로 지적인 호기심에 빠져들고, 합리성을 추구하며, 복잡하게 뒤얽힌 문제를 풀어내는 부유한 학생들을 좋아한다. 이런 관점에서 책이 존재하는 한 정부는 그들에게 가장 자유롭고도 무제한적 지원을 아끼지 말아야 한다." 같은 위원회에서 그는 '대영박물관도서관의 가장 중요하고도 숭고한 목적'은 '학습과 연구를 위한 교육의 여건을 확대하는 것'이라고 주장하였다.

멜빌 듀이는 17세 때의 일기에서 다음과 같이 기록하였다.

"나는 내 생애를 교육에 바치겠다고 마음먹었다. 나는 대중을 위하여 고등교육에 종사하기를 바라고 있다." 그가 비록 청년 시절에 교사 자격증을 취득하였지만 그는 결국 교육자의 길을 실현하는 방법으로 사서직을 선택하였다. 이러한 그의 희망은 그가 콜롬비아에 세운 최초의 도서관학교에서 결실을 맺었다. 그후 그는 뉴욕 주 교육위원회의 이사장으로서 11년간 봉직하였으며, 갖가지 반대와 압력에 직면하면서도 지속적인 개혁을 추진하였다. 그는 또한 교육을 위하여 프래시드 클럽을 설립하였는데 이는 일종의 자연학습장으로서 그는 이를 숲속의 대학이라고 이름 붙였다.

제11원리 : 사서의 역할은 정치적 사회적 시스템 속에 통합되어야만 그 중요성을 발휘한다

(The eleventh principle of librarianship is: A librarian's role can only be an important one if it is fully integrated into the prevailing social and political system).

도서관이 권력의 센터라고 하는 원리는 그 자체가 사서의 역할을 중요한 것으로 본 것이다. 고대 이집트의 사서의 역할은 높은 정치적 지위와 연관되어 있었으므로 대단히 중요하였다. 고대 바빌로니아와 아시리아에서도 마찬가지여서 사원도서관의 사서들은 높은 성직자였고 궁중도서관의 사서들은 고위 공무원이었다. 요약하면 사서의 역할은 그 사회의 지배적인 사회 정치적 시스템 속으로 충분히 통합되어야 한다는 것이다.

데모트리오스는 알렉산드리아도서관의 사서가 되기 이전에 10년 동안 아테네의 통치자였다(317-307 BC). 그는 프톨레미 소터 진영의 품위 있고 훌륭한 고위 공직자였다. 프톨레미 소터에게 알렉산드리아에 박물관 및 도서관 설립을 제의한 것도 바로 데모트리오스였다. 데모트리오스의 이러한 지위는 사서로서의 그의 위상을 높여 주었다. 알렉산드리아도서관의 성공은 정치적인 지원과 전문적 기술이 결합되어 이루어진 것이다.

도서관과 사서들은 결코 내부지향적이어서는 안 된다. 19세기에 에드워드 에드워드는 공공개혁과 정치적 로비를 통해서 영국 전역에 무료도서관 사상을 이끌어 냈다. 그의 첫 성과는 1850년 공공도서관법을 통과시킨 것이다. 그러나 그는 계속하여 직업전문도서관, 무역도서관, 노동자도서관 등 교육을 받지 못한 사람들이나 교육수준이 낮은 사람들에게 도움이 되는 도서관, 나아가서 성직자, 상인, 정치인, 전문 학자들에게도 도움을 줄 수 있는, 모든 인구에 봉사할 수 있는 보편적인 도서관들을 세우기 위하여 계속 투쟁하였다.

안토니오 페니치 역시 외부 지향적 인물이었으며, 영국 박물관도서관을 영국의 사회시스템 속으로 통합하는데 열성적인 노력을 기울였다. 그의 생애는 사서로 임명되어 사서장으로 은퇴할 때까지 기나긴 파란의 연속이었다. 그는 대영박물관도서관을 가치 있는 도서관으로, 모든 사람이 이용할 수 있는 도서관으로 만들고자 결심하였다.

멜빌 듀이는 사실상 미국에서 사서직을 창설한 사람으로서 사서직은 사회에 봉사할 수 있는 좋은 기회로 여겼다. 그는 도서관직을 활동적이고 능동적인, 활기찬 직업으로서 사회정치적으로 충분히 통합되어야 함을 강조하였다.

제12원리 : 사서는 훈련과 실습을 받아야 한다

(The twelfth principle of librarianship is : A librarian needs training and/or apprenticeship).

니네베의 아슈르바니팔도서관 이전에도 1천 년 동안이나 지속된 바빌로니아와 아시리아의 도서관 사서들은 '점토판맨'이라는 타이틀을 가지고 있었다. 이들은 잘 훈련되어 있었다. 그들은 필경사 학교를 졸업하였고, 그들이 보존해야할 기록문헌들에 대하여 소상히 알고 있었다. 이러한 최초의 직업교육을 이수한 다음에 그들은 도서관에서 수년 동안 도제식 훈련을 받으면서 동시에 여러 외국어를 공부하였다.

사서들이 교육훈련을 받아야 한다는 원리는 19세기에 와서야 다시금 완전한 형태로 나타나게 되었다. 그러한 계기가 된 것은 멜빌 듀이가 1887년에 콜롬비아대학에 도서관학교를 설립하면서 부터이다. 그 후 90년 동안 도서관학교들은 급격히 증가되었다. 영국 최초의 전일제 도서관학교는 런던대학에 설치되었는데, 이 학교는 카네기재단으로부터 5년간 재정 지원을 받았다. 전문교육의 필요성은 이제 보편적으로 인정되고 있으며 숙련된 사서를 양성하기 위하여 견습교육과 실무교육을 아울러 실시하고, 필수적인 실무 경험도 익히도록 하고 있다.

이 원리는 위대한 선구자들의 생애를 살펴보면 잘 알 수 있다. 에드워드 에드워드는 대영박물관도서관에서 편목담당자로서 견습생으로 봉사하였다. 실제의 경험교육과는 반대로 그는 이론을 스스로 공부하였다. 영국에서 1848년에 출판된 그의 도서관 비평서는 무료로 보급되었으며 이와 함께 유럽 여러 나라의 공공도서관에 대한 간결한 통계자료도 제시되었는데, 이는 도서관에서 일반적으로 발생하는 지식들을 나타내고 있다. 그러나 도서관 문제에 대한 그의 폭넓은 지식은 1859년 그의 위대한 저서인 '도서관의 회고집'에 나타난다.

안토니오 페니치는 소년시절에 이미 레고에 있는 자치도서관 담당관이었던 수사학자 케타노 펜투지에 의해서 책의 세계로 안내 되었다. 파르마 대학에 근무하는 동안 그는 파멘스 도서관의 학자사서인 앙게로 파멘스와 친하게 되었다. 페니치가 전문사서의 아이디어와 목표를 터득한 것은 이들의 영향이었을 것으로 추측된다. 그도 역시 에드워드 에드워드와 마찬가지로 대영박물관도서관에서 도제식 훈련을 받았다. 그러나 에드워드와는 달리 그는 1851년 맨체스터자유도서관 사서로 임명되었으며 그 후 대영 박물관 도서관에 근무하면서 도서관 개혁에 노력하였다.

멜빌 듀이는 독학으로 공부하였다. 그는 아머스트대학 도서관에서 견습생으로 봉사하였다. 전문교육에 관해서는 그가 미국에 처음으로 도서관학교를 설립했기 때문에 학생으로서라기보다는 주체자로서 터득하였다.

제13원리 도서관장서의 확충은 사서의 의무이다

(The thirteenth principle of librarianship is: It is a librarian's duty to increase the stock of his library).

역사가인 조세피우스는 알렉산드리아도서관의 최초의 사서인 데모트리오스는 가능한 한 전 세계의 모든 책을 수집하고자 하였으며, 그가 듣거나 보았던 모든 가치 있다고 여겨지는 자료들을 구입하고자 하였다고 기록하고 있다. 알렉산드리아도서관의 수서정책은 놀라울 정도로 무자비하였다. 데모트리오스는 12년도 채 되기 전에 200,000권의 파피루스 두루마리를 수집하였다. 프톨레미 필라델피우스와 그의 후계자 프톨레미 어제테스는 외국인에 의해서 이집트로 들어오는 모든 책들을 가로채 필사한 다음 소유주에게는 사본을 전달하고 원본은 도서관에 보관하였다(역자 주 : 나쁜 사람들 같으니라구). 어제테스는 또 아테네의 소포클레스, 유리피데스, 애스킬러스의 작품들을 빌려다가 사본만을 돌려주었다. 그리고 더욱 나쁜 것은 플루타크에 의하면 유메네스 2세(197-159BC)가 페르가몬에 있는 자신의 도서관을 알렉산드리아와 규모면에서 경쟁하려 했을 때 이집트인들은 페르가몬으로 보내지는 파피루스의 공급을 중단하였으므로 그는 새로운 서사재료인 양피지(라틴 페르가몬에서 수입)를 대체품으로 개발하도록 하였다.

아슈르바니팔 역시 도서관 장서를 확충하는 것은 사서의 의무라는 원칙을 따랐다. 그는 전국 각처 및 외국에 특사를 보내 모든 종류 모든 주제의 기록물을 수집하도록 하여 마침내 니네베도서관에 30,000장의 점토판 장서를 축적하였다.

장서의 확충이 어려웠던 중세 때에도 동일한 원리가 지배하였다. 중세의 한 도서관규정에는 '사서의 첫 번째 의무는 재임 중 그에게 위임된 도서관에 가능한 한 많은 장서를 확충하도록 노력해야 한다' 는 명문 규정을 두었다.

죤 듀리는 17세기에 책과 원고본 등 최대한 장서를 확충해야한다는 사서의 의무를 강조하였고 이러한 관점에서 대학의 학과장들에게 1년에 한 번씩 평가하여 당해에 목표로 했던 서가 공간에 대하여 증가된 장서량을 나타내는 실적을 제출하도록 하였다. 아마도 당시의 사서들은 연례보고서에서 이러한 실적을 위원회에 정확히 보고했을 것으로 추측된다.

근대에 와서도 모든 대형도서관들은 사서들에게 수세기 동안 부과된 이러한 원칙을 유지하였다. 미 의회도서관의 현재 규모는 64,000,000점의 장서를 보유하고 있으며 이러한 장서는 의회도서관의 최초의 사서였던 에인스워드 랜드 스포포드와 같은 위대한 사서들의 노력에 힘입은 것이다. 그는 그 도서관의 세실 로데오(역자 주 : Cecel Rhodes : 영국의 정치가이며 남아프리카 총독이었던 세실 로데오는 장학금을 조성하여 영연방 학생들을 지원하였다)와 같은 존재로 기록되고 있다.

그당시 스포포드는 그의 단독 구상에 의하여 의회도서관을 설립했으며 740,000권의 장서를 구축하였다. 페니치는 영국박물관도서관에 이와 비슷한 기여를 하였는바 그의 목적은 그 도서관을 영국 제일의 도서관, 세계 제일의 도서관으로 만드는 것이었다. 그렇게 하기 위하여 그는 저작권법을 적절히 실행하고 미국과 유럽 전 지역에서 활동적인 중개상들과 계약하였다.

장서 수집가로 알려진 에드워드 에드워드와 멜빌 듀이도 사서의 의무는 자기 도서관의 장서를 확충하는 것이라는 원리를 준수하였다. 에드워드 에드워드는 맨체스터 자유도서관 사서를 퇴직할 무렵까지 7년 동안에 전무상태인 장서를 50,000권으로 확충하였다. 그리고 아머스트와 콜롬비아도서관은 특히 멜빌 듀이에 의하여 상당량의 장서가 확충되었다.

제14원리 : 도서관은 어떤 질서체계에 따라 자료를 정리하고 그 내용에 대한 목록을 제공하여야 한다

(The fourteenth principle of librarianship is: A library must be arranged in some kind of order, and a list of its contents provided).

17세기에 가브리얼 노데는 "도서관에 50,000권의 장서가 있다고 해도 정리되지 않는 한 적절한 지휘 체계하에 정예화되지 않은 3,000명의 군 병력이 있는 것과 다름이 없다"고 기술하고 있다. 이것은 초기 도서관사로부터 정확하게 지켜져 내려온 원리 중 한가지이다. 고대 이집트의 에드푸에서 도서관의 파피루스는 두 가지 귀중품 상자로 나누어 보존하였는데 마법에 관한 자료는 다른 자료와 분리, 보관하였다. 고대 바빌로니아와 아시리아도서관의 점토판들은 체계적으로 그룹을 나누었다. 니네베의 아슈르바니팔도서관은 배치계획에 따라서 자료실을 분명하게 구분하였다. 알렉산드리아도서관은 수많은 특수자료실로 나누어져 있었다. 초기 중세 도서관들에서는 종교서적들은 비 종교서적과 분리되어 있었다. 초기 대학도서관들은 교육과정에 따라서 정리되었다. 근대에는 공식적인 분류법이 적용되었다.

도서관의 내용목록이 제공되어야 한다는 이 원리의 두 번째 부분은 3천년 동안 한결같이 유지되어 왔다. 에드푸도서관은 2가지 등록 목록을 만들었는데 하나는 12개의 보관 상자에 들어 있는 자료목록이고 또 하나는 나머지 22개의 보관 상자에 든 내용목록이었다. 바빌로니아와 아시리아도서관의 수천개의 점토판들도 아슈르바니팔도서관의 점토판과 마찬가지로 목록이 작성되었다. 알렉산드리아도서관은 칼리마쿠스가 피나케스라고 불리우는 분류목록을 만들었는데 거기에는 파피루스 두루마리의 라벨을 정확하게 알려주는 간략한 타이틀을 기록하고 있다. 중세도서관의 목록은 초기부터 만들어졌는데 8세기부터 목록의 사례들이 남아 있다. 근대에 와서는 목록의 개발이 1605년의 보들리안도서관의 인쇄목록으로부터 오늘날의 컴퓨터 목록시스템에 이르기까지 장족의 발전을 이룩하였다.

제15원리 : 도서관은 지식의 저장고이므로 주제에 따라 정리하여야 한다

(The fifteenth priciple of librarianship is: Since libraries are storehouses of knowledge, they should be arranged according to subject).

이 원리는 자명하다. 그러나 역사적으로도 그 가치가 입증된다. 모든 현대 도서관의 도서관분류법 - 듀이분류법, 국제십진분류법, 의회도서관분류법- 들은 모두 주제에 따라 설계된 것이다. 현대 이전에도 비록 복잡한 형태이긴 했지만 주제별 정리규칙이 적용되었다. 아슈르바니팔도서관 자료실은 주제에 따라 정해져 있었다. 즉 역사와 정부간행물 자료실, 전설 및 신화에 관한 자료실 등이다. 알렉산드리아도서관의 10개의 자료실은 분과학문주제별로 구분되었다. 중세 때에도 예를 들면 일반도서는 문법 부문과 산술 부문으로 구분되었다. 전자는 문법, 논리학, 수사학 등이고 후자는 산술, 기하학, 음악, 천문학 등이다.

제16원리 : 도서관에서의 주제별 그룹화는 실제적인 이용편의를 고려해야 한다

(The sixteenth principle of librarianship is: Practical convenience should dictate how subjects are to be grouped in a library).

아슈르바니팔도서관과 알렉산드리아도서관은 지식의 철학적 분류에 따르기 보다는 실제적인 이용편의를 위해서 정리되었다. 이것은 또한 근대에 와서도 적용되었는데 예를 들면 코나도 게스너(1516-1565)는 이미 언급한 중세의 학습일람표(문법부문과 산술부문)에 기초하여 분류함으로써 대학 교육과정의 질서를 좇아 실제 이용의 편리를 도모하였다.1602년에 개설한 보들리안도서관의 분류원칙은 4가지 주제로 나누어졌다. 즉 신학, 법률학, 의학, 예술 등이다. 그 뒤 같은 세기에 가브리얼 노데는 '도서관분류목록'을 출판하였는데 그는 여기서 그가 이용한 분류는 실용성을 우선하여 신학, 물리학, 법학, 수학, 인문학, 기타로 나누었다.

현대의 도서관 분류는 두가지 체계로 구분되는데, 듀이십진분류(여기서 파생된 국제십진분류)체계와 미의회도서관 분류체계로 나뉘어 진다. 이들 분류체계의 공통된 특징은 실용성이다. 듀이는 그의 분류체계를 마치 재료가 들어가는 비둘기집의 구멍과 같이 그의 9가지 주제 분류는 9가지의 특수한 실용성에 따른 것이라고 기술하였다. 미 의회도서관분류체계도 일련의 실용적인 특수 분류 모델의 결합에 근거하여 설계된 것이다. 지식의 철학적인 분류에 근거한 체계는 그 적용예를 찾아볼 수 없으며, 실제로 제임스 두프 브라운의 철학적 분류체계는 오래전에 폐기되었다.

제17원리 : 도서관은 주제별 목록을 갖추어야 한다

(The seventeenth, and final, principle of librarianship is : A library must have a subject catalogue).

이 원리는 도서관이 주제별로 정리된 지식의 저장고라는 사실과 관련된 이전의 원리들의 논리적 연장선상에서 나온 것이다. 도서관사는 하나의 논리를 가지고 있다. 초기의 도서관 목록은 주제목록이었다. 앞서 본 바와 같이 칼리마쿠스의 피나케스는 분류목록의 형식을 갖추었다. 중세 때의 목록은 주제별로 정리된 간략 타이틀 목록이었다. 종합목록인 7분류 필기판 목록이 나오기 이전인 1200 - 1300년까지는 알파벳 분류체계였다.

주제분류의 명성은 알두스 마느티우스 및 에스티네의 목록의 예와 같이 인쇄시대로 이어졌다. 18세기와 19세기에 저자목록이 출현하였지만 그 이후의 세기에 조차도 1849년 공공도서관에 임명된 위원회가 결론을 내린바 "지금까지 나타난

요구로 볼 때 도서관 목록은 주제에 따라서 저자명 알파벳순으로 분류하는 것이 최선"이라는 것이다.

사실 영국에서는 1800-1850년에 복합적인 분류목록을 만들었지만 주제분류가 너무 인위적이고 그 질서가 체계적이지 못하였다. 결과적으로 그후 반세기만에 그 분류에 대한 부정적 반응이 나타났고 사전식 목록이 출현하여 그 문제를 해소하게 되었다. 안드리아 크레스타도로의 색인목록은 이러한 사전체 형태의 조잡한 목록이었으나 미국의 찰스 아미 카터는 사전체 목록의 표준코드 규칙을 편찬하였다. 그 후 세기가 바뀌어 카드목록이 일반화될 때까지 사전체 목록이 지배하였으며 그 후로 카드형 목록은 20세기의 주요 도서관에서 주제목록 분류 또는 알파벳순으로 장서목록을 계속 제공하였다 (역자 주 : 2017 현재는 전산 온라인 목록으로 제공하고 있다).

11

지역주의를 넘어서라

한동안 님비(NIMBY : Not in my back yard)라는 말이 유행한 적이 있다. 고속도로, 댐(DAM), 송전철탑, 원자력발전소 등 국가적으로 필수적인 사업이지만 자기 집 근처에 들어오는 것이 불리한 경우에는 절대 반대하는 지역이기주의를 나타내는 말이다. 지역이기주의는 또 자기고장에 유치하는 것이 유리한 사업은 온갖 권력을 동원해서라도 끌어오려고 하는 속성을 지니고 있다. 이런 것은 아마 님비가 아니라 윔피(WMFY : Welcome to my front yard)가 될 것 같다. 지역이기주의는 대체로 단기적으로는 그 지역의 보존과 발전에 유리할 수 있지만 장기적으로 보면 국가 전체의 발전을 더디게 하고, 결국 자기고장의 발전도 지연시키는 장애요인이 될 수 있다.

도서관은 언제나 지역사회에 바탕을 두고 있다. 특히 공공도서관들은 지역주민의 세금으로 운영되는 교육청이나 지방자치단체의 산하기관이다. 따라서 대부분의 공공도서관들은 해당 행정구역 내의 주민들에게만 봉사한다는 원칙을 고수하고 있다. 논리적으로 보면 당연한 일이지만 이 역시 근시안적인 행정이라고 하지 않을 수 없다. 지도상으로 행정구역은 명확히 구분되어 있지만 주민들의 생활권은 행정구역대로 구획되어 있지 않다. 특히 행정구역간 접경지역의 주민들은 다른 행정구역에 있는 도시를 더 많이 이용한다. 이럴 경우 행정구역이 다르다고 해서 도서관 회원자격을 주지 않고 이용을 제한한다면 인접지역 주민에게 불편을 주고 결국 한 나라의 화합과 발전에도 도움이 되지 못한다.

도서관은 지역주의를 넘어서야 한다. 어느 지역, 어떤 종류의 도서관이든 시도의 경계를 넘어서 전국적으로 서비스를 확대해야 한다. 행정구역이나 소속기관이 다르다는 이유로 서비스를 제한할 것이 아니라, 시간적 물리적으로 가능한 서비스라면 전국 어디라도 고객을 위해 봉사하는 열린 도서관을 구현해야 한다. 전국 어디를 가더라도 필요한 서비스를 받을 수 있다면 전체적인 도서관서비스는 그만큼 시너지효과를 낼 수 있으며 도서관에 대한 국민들의 인식도 급격히 달라질 것이다. 지역주의를 넘어설 때 도서관 사이에 택배가 오가지 않아도 도서관 상호 협력이 자연스럽게 달성될 수 있다고 본다. '벽 없는 도서관'은 어느 지역의 도서관이든 온라인 목록(OPAC : Online Public Access Catalogue)이나 인터넷으로 연결되는 도서관을 통하여 지역의 벽을 넘어 전 국민에게 봉사하는 열린 '국민 도서관'을 구현할 때 달성될 수 있을 것이다.

12

세계의 트렌드를 읽어라

세계는 하루가 다르게 변화하고 있다. 특히 정보통신기술의 급격한 발전은 정치, 경제, 사회, 문화 등 인간생활의 모든 부문에 걸쳐 대 변혁을 일으키고 있다. 사회변동의 속도는 기술발전의 속도와 맥을 같이하고 있다. 우리는 농업사회에서의 1,000년간의 변화보다 산업사회의 100년간의 변화, 정보사회의 10년간의 변화가 더욱 빠르게 진행되어 왔음을 실감하고 있다. 오늘의 과학기술은 물질적 생산의 풍요 및 교통통신의 혁신을 일으켜 국가 간의 물리적 경계를 넘어서 전 세계를 지구촌화 하고 있다. 특히 정보기술의 발전에 따라 젊은이들은 '디지털세대'라는 이름표를 달고 '디지털 원주민(digital native)'으로 생태적 변신을 이룩하면서 이전 세대와는 완전히 다른 사회문화적 특징을 형성해 나가고 있다.

기술발전 뿐 아니라 자연환경의 변화, 정치이념, 문화적인 요인도 사회변화에 크게 작용한다. 자연환경은 계속 변화되어 왔다. 지구는 고생대와 중생대, 신생대, 그리고 빙하기 등 자연적인 대 변혁을 거쳐 왔다. 우리 인간이 살 수 있는 환경이 된 후에도 화산폭발, 지진과 홍수, 태풍과 해일 등의 수많은 자연변화를 겪어 왔다. 또한 인간의 과학 기술이 발전함에 따라 그 부작용으로서의 환경변화도 심화되고 있다. 지구 온난화와 대기오염 등 환경파괴현상이 그것이다. 이러한 자연환경의 변화는 사람들의 삶에 영향을 미쳐 사회변동을 일으키는 중요 요인으로 작용한다.

정치이념은 모든 사회제도에 영향을 미쳐왔다. 민주주의와 공산주의는 한때 세계를 양극화시켰다. 소련의 몰락으로 냉전체제가 붕괴된 이후에도 정치이념에 따른 사회적 특성은 국가마다 다르게 나타나고 있다. 자유민주주의를 표방하는 나라에서도 정치지도자에 따라 사회 문화는 큰 변화를 겪게 된다. 문화적인 요인에서도 세계 여러 나라와의 인적 물적 교류에 따른 다문화사회의 확대는 전통사회의 질서를 대체하는 새로운 사회문화 질서를 요구한다.

도서관은 이러한 시대적 변화를 적절히 읽어내어 적어도 5년 내지 10년 앞을 내다보고 현명하게 대처해 나가야 한다. 도서관 경영자들은 정치, 경제, 과학기술, 사회문화, 교육, 예술, 국제관계 등 다양한 시각에서 세계의 트렌드를 읽어내고 사회적 기관으로서의 도서관의 역할변화를 모색해야 한다. 이렇게 하기 위해서 도서관 경영자들은 세계 문명의 트렌드를 전망하는 서적들을 구하여 독서할 뿐 아니라 신문과 방송 및 인터넷 등 네트워크를 통해 시시각각으로 전달되는 시사정보에도 촉각을 곤두 세워 도서관의 미래 경영계획에 적절히 반영해야 한다.

도서관 경영의 50가지 법칙
계획의 실행
DOING : 인사관리

13

인사정책을 수립하고 철저히 지켜라

공·사 조직을 막론하고 체계적이고 합리적인 인사관리를 위해서는 조직과 인사에 관한 정책수립이 필수적이다. 공무원이 운영하는 도서관의 경우는 공무원인사규정이 있어 인사정책이 불필요한 것으로 인식되기 쉽지만 개별도서관은 공립, 사립을 불문하고 자기 도서관의 원활하고 효과적인 인력관리를 위하여 별도의 인사정책을 수립·시행하는 것이 바람직하다. 조직이 인사관리의 원칙을 정해두고 모든 직원을 원칙과 절차에 따라 공정하게 통솔, 관리하는 것은 인력관리의 기본이다.

인사관리정책에는 직원을 정규직, 임시직으로 구분하고,

사서직, 행정직, 기술직, 기능직 등 필요한 직종, 직급, 인원을 확정, 분담업무의 명세를 작성해 두어야 한다. 모든 소속 직원들은 채용, 평가, 승진 등에 관련된 일관된 정책을 잘 알고 있어야 한다. 인사정책에는 채용, 보직, 이동, 승진, 평가, 보수 등 인력관리의 제반 사항을 규정하고 매년 변화하는 요인을 반영하여 개정해야 한다.

첫째, 인력의 채용과 보직은 투명성과 공정성이 보장되도록 해야 한다. 공무원의 경우는 직종별로 임용고시에 의해 채용되지만 위탁도서관이나 사립도서관들은 자체적인 인사정책을 수립하여 직원을 공정한 절차에 따라 채용해야 한다. 직종, 인원, 자격, 보수 등 채용계획의 결정, 모집공고, 서류심사, 예비 후보자의 선발, 면접 등 객관성과 공정성을 담보할 수 있는 장치를 마련하여 시행하여야 한다.

둘째, 이동, 승진, 교육훈련, 이직, 퇴직 등에 관한 절차를 규정해야 한다. 직무별, 직급별 업무 및 경력에 따른 순환보직, 승진요건과 절차, 휴직, 이직, 퇴직절차 등을 체계화하여 직원의 불평요인을 사전에 방지해야 한다. 직원들은 신입사원의 경우에는 열심히 하려고 노력하지만 1년 정도만 지나면 조직의 매너리즘과 무사안일에 빠지기 쉬우므로 년차별로 교육훈련에 관한 규정을 정해두고, 직원들이 수행할 과제를 미리 규정해야 한다.

셋째, 직원의 복지와 보수에 관한 원칙을 정해두어야 한다. 직원의 고용안정, 복리후생, 급여, 퇴직금 등에 관한 결정기준과 절차 등을 상세히 규정하여야 한다. 이 경우에도 공무원의 경우는 공무원보수규정에 따르므로 별 문제가 없겠으나 위탁도서관이나 사립도서관들의 보수 책정은 매년 문제가 될 수 있다. 따라서 보수 책정에 관한 절차와 방법을 명확히 하여 불만요인의 발생을 사전에 방지하여야 한다.

넷째, 직원 근무성적 평가에 관한 사항을 반드시 규정해야 한다. 근무성적 평가의 목적과 평가기준, 평가자, 평가빈도와 평가시기, 평가결과의 활용 등에 대한 방법과 절차를 규정하고, 직종별로 세부적인 평가지표와 평가표 양식을 정해 두어야 한다. 평가는 반드시 인사관리에 반영하는 절차를 마련해 두어야 평가의 실효성이 있다.

인사정책은 도서관 관리운영규정에 포함하여 작성할 수 있으나 별도의 문서로 작성할 수도 있다. 어떤 형식을 취하든 도서관경영자는 직원들에게 인사관리정책을 사전에 공지하고 인력관리에 있어 법과 규정에 따른 인사원칙을 준수하여 공정하고 투명한 인사관리를 해야 한다. 인사관리의 정책을 합리적으로 정해두어야만 학연, 지연, 혈연 등에 의한 인사 청탁이나 영향력을 합리적으로 배제할 수 있다.

14

전문가를 채용하라
(사서, 전산, 행정, 기능 모두 전문가다)

프레데릭 테일러의 과학적 관리론 이후 조직은 분업과 전문화라는 기본적인 틀을 유지하게 되었다. 분업은 같은 종류의 일을 과정에 따라 또는 업무량을 분담하여 하는 것이고, 전문화는 개인이 한 분야의 일을 집중적으로 숙련하여 처리함으로써 작업의 능률을 극대화하는 관리방식이다. 조직 관리에 있어서 이러한 분업과 전문화의 원칙은 지금도 변함이 없다. 도서관의 조직도 분업과 전문화의 원칙에 의해 편성되며 각 직위의 담당자는 모두 전문가로 채용해야 한다.

여기서 잠시 어떤 사람을 전문가라고 하는지 살펴보면 전문가란 형식상으로는 전문적인 지식과 기술을 갖추고, 일정

수준 이상의 교육을 받았으며, 국가에서 인정한 자격증을 취득한 사람이어야 한다. 이러한 사람들은 그 분야에 있어서는 다른 사람들이 쉽게 따라할 수 없는 능력의 소유자로서 예를 들면, 의사, 변호사, 공인회계사 등이 있다. 그렇다면 사서는 과연 전문가인가를 생각해볼 필요가 있다. 사서 역시 위에서 말한 형식적인 요건을 갖추고 있으나 의사, 변호사, 공인회계사처럼 보통사람이 도저히 따라할 수 없는 분야라고 말하기는 어렵다. 이 점이 바로 사서직의 전문성 논란을 일으키는 요인이 된다. 따라서 사서는 다른 직종의 전문성을 인정하면서 사서의 전문성을 강화할 수 있는 길을 모색해야 한다. 도서관계에서 줄곧 주제전문사서 양성의 필요성을 제기하는 것은 바로 이 때문이다.

도서관에서의 전문직은 일반적으로 정사서 이상의 사서자격증을 취득한 사서직원을 지칭하고 있다. 그러나 위에서 본 전문화의 원칙 및 전문직의 요건에 비추어 볼 때 다른 분야, 즉 행정직, 전산직, 기능직 등도 모두 그 분야에서는 사서 못지않은 전문가라 할 수 있다. 따라서 도서관의 인력을 채용할 경우 각기 그 분야의 전문가를 채용해야만 업무의 능률과 효과를 극대화할 수 있다. 물론 도서관은 사서가 가장 중심이 되는 조직이지만 행정직, 전산직, 기능직도 엄연히 그 분야의 전문가로 인정하여야 직원간의 화합과 단결에 도움이 될 수 있다. 사서만이 전문직이고 사서가 아닌 다른 직원들은 비전문직이라고 지칭하는 것은 도서관 전체의 경영에 결코 도움이 되지 않는다.

15

적재적소에 배치하라

적재적소의 배치는 인력관리의 기본 원칙 중 가장 중요한 원칙이다. 최선의 인력관리는 직무분석 및 직무명세서에 기초하여 자리에 꼭 맞는 '맞춤채용'을 하여 그 자리에 배치하는 것이다. 그러나 공무원 임용고시 선발에서처럼 맞춤채용이 되지 않는 현실에서는 보직 발령에 있어서 본인의 적성을 최대한 고려하여야 한다. 예를 들어 도 단위로 사서직공무원을 선발하여 공공도서관으로 발령하는 경우 도서관장은 해당자를 사전에 심층 면접하고 적성을 파악하여 각자의 적성에 맞는 자리로 배치해야 한다는 것이다. 그러나 실제로는 사서를 서무담당자로 배치하거나 극히 내성적인 사람을 대인관계가 빈번한 참고봉사실로 배치함으로써 직무수행의 효과를 반감시키는 경우를 흔히 볼 수 있다.

인력관리는 조직경영에 있어서 가장 핵심적이고 중요한 부문이라 할 수 있다. 언제 어디서나 일은 사람이 하기 때문에 사람을 관리하는 일이야 말로 경영관리의 거의 전부라 해도 과언이 아니다. 어떤 일을 적성에 맞지 않는 사람에게 맡기는 것은 그만큼 일처리의 완성도를 떨어뜨릴 수 있다. 따라서 경영자는 수습기간이나 직무교육 및 순환보직 등을 통하여 개인의 적성과 능력을 지속적으로 파악하여 인사관리에 충실히 반영해야 한다. 경영자는 직원들의 평소 업무 수행 태도 및 업무성과의 관찰을 통해서, 그리고 직원과의 상담 및 정기적인 근무성적 평정의 결과를 통해서 모든 직원이 적재적소에서 일할 수 있도록 인력관리에 최대의 정성을 쏟아야 한다.

16

멘터(mentor)와 멘티를 구성하라

멘터(mentor)는 영어로 다른 사람을 이끌어주는 사람을 의미한다. 영어사전에는 "mentor : 1.〈그리스신화〉 멘토르 : Odysseus가 아들의 교육을 맡긴 지도자. 2. 선도자(善導者), 좋은 조언자 ; (지도)교사, 스승"으로 풀이되어 있다. '멘티'라는 말도 있어 역시 사전을 찾아보니 영어사전에는 없고 2004년 국립국어원 〈신어자료집〉에 소개되어 있는데, "멘티(mentee) : 멘터에게서 상담이나 조언을 받는 사람"으로 풀이되어 있다. '멘터'는 영어이고 '멘티'는 우리나라에서 만들어진 영어신조어인 셈이다. 위의 뜻풀이에서 보는 바와 같이 멘터와 멘티는 좋은 스승과 제자, 좋은 선배와 후배를 의미한다.

서로 이끌어주고, 밀어주는 스승과 제자의 관계, 선배와 후배의 관계, 이것이 곧 멘터와 멘티의 관계이다.

직장에 처음 들어가면 무엇이든 생소하고 서먹서먹하다. 신입사원이 기존 직원들과 업무에 적응하는 데는 적어도 3~4개월의 시간이 걸린다. 대부분의 직장에서는 3개월 정도의 수습기간을 정해두고 신입사원 오리엔테이션 교육과 직무교육, 그리고 현장교육(OJT)과정을 마련하여 직무에 적응할 수 있도록 배려한다. 한편, 기성 직원들도 사회발전에 부응하여 자신의 능력발전을 도모하고 도서관을 발전적으로 경영하기 위해서는 지속적이고 체계적인 교육과 훈련을 받아야 한다. 따라서 대내외적으로 각종 교육 훈련제도가 운영되고 있다.

오리엔테이션은 신입직원이 조직의 일원으로서 갖추어야 할 기본적 업무지식과 그 기관의 경영철학, 사명, 목적, 목표, 각종 제도(조직, 정책, 근무규칙, 휴가, 이동, 승진, 급여계산법, 노사관계), 직장예절과 윤리, 복장 등 직원의 일원으로서 갖추어야 할 제반 사항들을 교육한다. 오리엔테이션은 큰 조직에서는 연수원 등에서 집합교육으로 시행하는 것이 일반적이지만 규모가 작은 조직에서는 직장 내에서 상사와 선배들이 개별적으로 신입직원을 교육한다. 현장교육은 직장 내에서 업무를 수행하면서 상사와 선배들로부터 지도를 받는 교육이다. 현장교육은 직장에서 공식적으로 실행하는 교육훈련으로서 그 과정이 끝나면 직원들은 누구나 홀로서기를 해야 한다. 다른 직원, 다른 부서, 직속 상사와 원활한 관계를 유지하면서 업무를 처리해 나가야 한다.

직장 내의 교육훈련은 지도하는 사람의 성격에 따라 천차만별이다. 남남이라도 '궁합'이 잘 맞지 않는 경우 서로 불만인 경우가 속출한다. 선배가 후배를 지도하지만 인간적으로 지도하지 않고 반말하며 퉁명스럽게 대하기도 한다(필자가 모 회사의 신입사원으로 채용되어 영어를 사용하는 부서로 배치 받았을 때 어느 선배의 질문은 지금 생각해도 불쾌하다. "느그 영어사전 가져 왔어? 이 어린 양들을 운제 부리묵겠노?" 그 선배는 결국 신입사원인 우리들을 잘 지도해주지 않고 다른 부서로 떠났다. 속이 후련했다). 이성의 경우에는 업무외적인 속셈을 저변에 깔기도 한다. 직장은 사회의 축소판이다. 따라서 인간관계에 있어 모든 경우의 수가 발생되는 것은 당연한 일이지만 직장 내에서는 상사든 선배든 그 기관의 경영목적 달성이 최우선이라는 점을 언제나 잊어서는 안 된다.

이러한 공식적인 교육의 한계를 극복하고 인간관계론에 입각하여 선배와 후배사이에 서로끌어주고 밀어주는 관계를 형성하는 것이 바로 멘토링이다. 멘토링은 공식적인 관계가 아니라 비공식적 관계로서 스승과 제자의 인간적 관계를 형성하는 것이다. 따라서 멘토링은 개인의 능력발전 뿐 아니라 조직목적 달성에도 긍정적으로 기여할 것이기 때문에 경영자는 이러한 비공식적 멘토링관계가 직원들 사이에 형성, 유지되도록 유도하는 것이 바람직하다. 그러나 이러한 멘토링의 관계가 자칫 개인지배와 복종관계 내지 사조직 집단의 파벌로 이어지지 않도록 유의할 필요가 있다.

17

서비스 교육을 자주하라

서비스는 우리말로 봉사(奉仕)다. 봉사는 인간적, 정신적, 심리적인 바탕이 없으면 실행되지 않는다. 인간관계는 어떤 의미에서는 상호 봉사의 관계라 할 수 있다. 우리들의 일상적 인간관계도 진정한 봉사정신에 바탕을 둘 때 더 원만해지고, 일이 순조롭게 해결되는 경우를 많이 본다. 부부간, 부모와 자녀, 친구관계, 회사동료나 상하관계 등 서로 마주치는 순간마다 진정으로 도와주고 싶다면 제대로 풀리지 않을 일이 없을 것이다. 서비스는 마음과 마음의 보살핌에서 출발하기 때문에 마음의 자세가 가장 중요하다.

도서관서비스는 정보서비스이다. 정보서비스는 신속 · 정확 · 친절이 생명이다. 신속하지 않은 정보서비스, 정확하지 않은 정보서비스, 친절하지 않은 정보서비스는 이미 서비스가 아니다. 정보서비스는 대학의 문헌정보학과에서 다루고 있는 중요한 교과목이다. 그러나 도서관 현장의 서비스 인식은 아직 미약하기 짝이 없다. 직원들의 행동과 태도는 고객을 "소가 닭 보듯 한다."고 표현해야 할 정도로 무관심한 경우가 많다. 대학에서 정보서비스 과목을 이수한 사서들조차 도서관 현장에서의 서비스 실천은 몸에 배어 있지 않다. 사서들이 고객을 대하는 태도는 친절과는 거리가 먼 것으로 자주 지적되고 있다.

서비스의 중요성은 기업에서 먼저 깨닫고 실천해왔다. 기업경영에서 서비스의 중요성을 깨달은 대기업들은 고객서비스(CS : Customer Service)교육을 전문적으로 시행하고 있다. 인사하는 방법으로부터 고객을 대하는 태도, 전화 받는 태도에 이르기까지 반복적인 교육으로 종업원들에게 친절의 생활화를 유도하고 있다. 친절과 정성으로 대하지 않으면 고객을 만족시킬 수 없고, 고객을 만족시키지 못하면 기업은 살아남지 못할 것이기 때문이다.

사람은 아무리 사소한 행동이라도 교육을 받지 않으면 실행하기 어렵다. 도서관이 고객서비스헌장을 제정하여 홈페이지에 띄워놓았다고 해서 서비스가 잘 실천되는 것은 아니다. 직원들이 근무 중 일상생활 속에서 근무예절과 서비스를 잘 실천하도록 유도하기 위해서는 직원들에게 서비스 교육을 지속적으로 실시해야 한다. 서비스 전문 강사를 초빙하여 집합교육을 실시하고, 날마다 아침 회의에서 서비스 실습을 하고, 서비스 모니터링제도를 도입하여 인사고과에 반영하는 등 체계적인 서비스 경영을 추진할 필요가 있다.

고객은 도서관의 존재이유이다. 도서관이 제대로 된, 고객을 만족시키는 정보서비스를 수행하지 못한다면 도서관은 고객들의 지탄을 피할 수 없을 것이고, 도서관 무용론을 더 확산시킬 가능성이 높다. 서비스를 어떻게 하고 있는지는 해당기관의 업무수행에 대한 고객들의 평가가 모여서 결정된다. 따라서 도서관이 고객들로부터 좋은 평가를 받고 지역사회에서 보다 중요한 정보서비스기관으로서 역할을 다하기 위해서 경영자는 직원들의 인성교육과 서비스 교육을 지속적으로 실시해야 할 것이다.

18

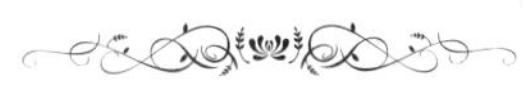

외부교육에 적극 참가하라

우물 안 개구리라는 말이 있다. 한 곳에만 틀어박혀 있어 세상 돌아가는 상황을 잘 모르는 사람을 빗대어 이르는 말이다. 도서관에도 의외로 우물 안 개구리들이 많이 있는 것 같다. 도서관은 정보서비스기관이므로 도서관 직원들은 스스로 세상 돌아가는 것을 잘 알 것 같은 착각에 빠지기 쉽다. 또한 인터넷을 통하여 누구나 세상의 변화를 알아차릴 것 같은 착각에 빠진다. 그러나 아무리 정보서비스기관에 근무하더라도, 아무리 인터넷이 발달되어 있다고 해도 등잔 밑이 어둡듯이 도서관 직원들도 등잔 밑이 좀 어두운 것 같다. 더구나 지방자치단체들은 도서관에 충분한 인력을 배치하지 않기 때문에 직원들은 1인 2역 내지 1인 3역을 하는 경우가 많다. 이렇게 직원들이 서류업무나 허드렛일에 시달리다 보면 도서관 밖 세상의 변화를 잘 읽어낼 기회를 잡지 못하는 경우가 많다.

물론 세상에 잘 적응하여 살아가는 것은 개인들의 몫이다. 사서들이 문명의 변화를 읽어내고 세계도서관계의 발전방향을 읽어내어 적절히 대처하는 것 역시 사서 개인의 책임일 수 있다. 그러나 도서관 경영자가 세계문명의 변화를 읽고, 도서관의 미래 경영에 적절하게 대비하기 위해서는 스스로 외부교육에 적극 참가할 뿐 아니라 직원들에게도 외부의 발전동향을 이해하고 대비할 수 있는 외부교육에 적극 참여시켜야 한다. 필자는 '사서는 문명의 경영자(A librarian is the manager of civilization)'라는 생각을 해본 적이 있다. 사서들은 문명의 소산(所産)인 책과 정보를 경영하고 관리하는 사람들이다. 이런 사람들이 문명의 발전과 변화상황에 어둡다면 문명의 경영자가 되기 어려울 것이다. 국내교육이든 해외교육이든, 주제전문교육이든 전산교육이든 교육의 기회가 온다면 적극 참여하고 참여시켜야 한다.

우리사회에도 외부교육에 대한 마인드를 좀 바꾸어야 한다. 특히 바람이나 쐬러 갔다 온다는 생각은 불식되어야 한다. 바람이나 쐬려고 국민의 혈세인 교육비와 출장비를 낭비해서는 안 된다. 외부교육의 가치는 사서들에게 세상을 보는 안목을 넓혀준다는 데 있다. 우물 안 개구리에서 탈피하여 보다 넓게, 보다 빠르게, 보다 공정하게, 보다 전문적으로, 보다 효과적으로 도서관을 경영할 수 있게 해준다는 데 있다. 우리나라 도서관계의 전국단위 외부교육은 우선 국립중앙도서관 사서연수 교육이 있다. 그리고 각종 정책세미나, 공청회, 연구발표회 등이 있다. 해외교육으로는 IFLA의 세계도서관정보대회가 있고, 책과 도서관에 관련되는 많은 행사와 견학기회들이 있다. 도서관 경영자는 이러한 교육기회를 제공하는 데 인색해서는 안 된다. 다만 주의할 것은 교육기회를 주되 교육의 결과를 활용할 수 있도록 후속 조치 및 인사관리에 철저를 기해야 한다.

19

직원 평가를 실시하고 활용하라

직원의 근무성적평가를 하지 않는 인사관리는 실패하기 쉽다. 인력수급이 무난히 이루어졌다고 하더라도 조직에서 일하는 직원들의 업무수행의 성공 여부가 경영목적 달성과 직결되기 때문이다. 구성원들이 조직에 책임감을 가지고 맡은 바 업무를 잘 해내는 조직이라야 효과적인 조직이라 할 수 있다. 근무성적평정의 목적은 경영자의 입장에서는 직원의 능력과 적성이 직무와 맞는가를 파악하여 적재적소에 배치할 수 있게 하고, 근무성적평정의 결과를 인사관리에 건설적으로 반영함으로써 조직 건강성을 유지하는데 있다. 또한 직원의 입장에서는 일정기간 동안 자신이 수행한 일에 대해 정당한 평가를 받고 개선할 부분을 개선하게 하는 데 목적이 있다.

근무성적 평가는 직속상사와 그 위의 상사가 하는 것이 보통이지만, 다면평가제도를 시행하는 경우에는 상위직이 하위직을, 하위직이 상위직을, 동료가 동료를 평가하여 이를 종합하는 방법을 취한다. 어떤 평가 제도를 사용하든 성공적인 인사고과를 위해서는 평가자와 피 평가자간의 원활한 의사소통이 있어야 한다. 서로의 생각과 입장을 이해하고 업무수행중의 어려운 점과 해결책을 강구하는 것은 근무성적 평정에 앞서 선행되어야 할 문제이다. 인사고과가 실패하는 주된 요인은 기관의 연중행사 내지 요식행위로 여기는 풍조, 그리고 학연, 지연 등에 의한 개인적 감정요소의 개입 등을 들 수 있다. 일반적으로 근무성적 평가의 주요 요소는 다음 10가지로 요약해 볼 수 있다.

- 책임감 : 업무를 책임지고 완수하려는 열의와 추진력 및 결과에 대하여 책임 있는 태도를 취하는 정도
- 인간관계 협조성 : 조직 내 인화 단결에 힘쓰며 직원 상호간 유기적인 협조를 취하는 정도
- 도덕성 : 품위를 유지하고 공정하고 투명하게 업무를 처리하며 건전하고 긍정적인 사고로 개인생활을 영위하여

사회적 물의 없이 타의 모범이 되는 정도

- 자기개발 : 일을 통한 자기 동기부여와 능력신장을 위한 연구 노력도, 차원 높은 일을 맡으려는 자세와 관심도
- 업무지식 : 업무를 효과적으로 수행하는데 필요한 경험과 지식 정도
- 창의 기획력 : 장래를 예측하고 적절한 대책을 세워 실행하는 능력 및 새로운 업무라도 솜씨 있게 처리하는 능력과 새로운 아이디어를 내어 업무를 처리하는 능력
- 섭외조정력 : 업무수행에 있어서 외부와의 교섭, 절충, 상담 등을 성공적으로 끌어가는 능력
- 변화대응능력 : 환경변화를 적극 수용하고 기존의 사고방식이나 업무처리방법을 바꾸어 변화에 탄력적으로 대응하는 능력
- 수명사항 이행 및 기대수준 충족정도 : 수시로 지시한 업무에 대한 이행여부 및 수행한 업무 중 상사가 기대하고 요구한 수준 달성정도
- 논리적 표현력 : 말이나 글로 전달하려는 의도, 생각을 논리정연하고 정확하게 표현하는 능력

20

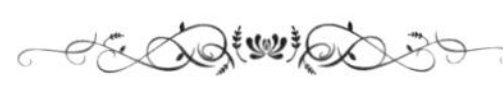

사소한 일도 칭찬하라

우리는 칭찬에 인색하다. 칭찬을 하더라도 의례적이거나 가식적인 경우가 많은 것 같고, 상대방을 진정으로 칭찬하고 격려하는 경우는 드문 것 같다. 우리가 인사에 인색하고 칭찬에 인색한 것은 동네에서부터 명확히 드러난다. 아파트에서나 회사에서나 엘리베이터를 타면 사람들은 대개 표정들이 굳어 있다. 서로 모르는 사람이 먼저 미소를 짓거나 말을 거는 경우는 별로 없다. 만일 그렇게 한다면 아마 '이상한' 사람으로 여길 것이다. 반면, 아는 사람들끼리는 다른 사람들의 의식을 별로 하지 않고 큰 소리로 수다를 떨기도 한다. 이러한 어색함은 우리가 생활 속에서 얼마나 이기적으로 행동하는지를, 상대방을 배려하지 않는지를, 대화와 칭찬에 인색한 지를 나타내는 증표라 할 수 있다.

대학에서는 교수와 학생간의 대화가 쉽지 않고, 직장에서는 상사와 부하간의 대화가 녹록하지 않다. 상사는 직원을 감독하는 입장이라서 문턱을 낮추려하지 않는다. 대화의 문턱을 낮추면 직원들이 너무 만만하게 보고 상사의 리더십에 도전하는 경우가 발생하기 때문에 조직의 위계질서를 위해서는 어느 정도 '근엄한 리더십'이 필요하다. 서양 사람들은 근엄하지 않아도 위계질서를 잘 유지하며, 부하가 상사 앞에서 자유롭게 동작하며 스스럼없이 대화를 나누는 데 우리는 그러하지 못하다. 대화가 부족하고 대화를 하더라도 서로 경계를 늦추지 않으니 격려와 칭찬에 인색할 수밖에 없다.

인사관리에서는 이러한 우리의 인간관계 풍토를 적극적으로 바꾸어 나가야 한다. 낯선 사람, 또는 별로 친하지 않은 사람이라도 먼저 미소(微笑)로 인사하고, 날씨를 소재로 해서라도 말을 건네 소통하고 싶다는 뜻을 비쳐야 한다. 너무 지나친 일방적 접근은 '사기성'이 있어보이므로 피해야겠지만 진심에서 우러난 가벼운 인사와 대화는 인간관계를 트는데 꼭 필요하다. 사람들은 마음을 닫고 있으면서도 본인에게 이로운 정보를 주면 반가워한다. 사람들은 대개 이기적이다. 누구나 남을 칭찬하는 데는 인색하지만 다른 사람으로부터 칭찬을 받기는 좋아한다. 대화할 때 은근히 자기자랑을 늘어놓는 경우가 있는데 이는 상대방의 칭찬을 유도하려는 심리 때문이다. 부하도 상사도 칭찬받기를 싫어하는 사람은 없다.

상사는 부하직원이 결재서류를 들고 왔을 때 별 문제가 없는 서류라면 "수고 했네, 고생 많았어." 이 정도만 말하더라도 그 직원의 기분은 좋아진다. 만약 결재서류에 창의적 아이디어가 보인다면 "참 좋은 아이디어야, 어떻게 자네가 이런 생각을 다했나? 앞으로도 기대하겠네."하고 칭찬의 말을 던진다면 그 직원은 입이 귀에 걸리면서 더 열심히 하고 싶은 의욕이 생길 것이다. 직원은 상사에게 성의 있는 태도로 대화를 하며, 배려에 대한 감사와 존경의 말을 건네야 한다. "관장님, 제가 대학원에 다닐 수 있도록 배려해 주셔서 너무 감사합니다. 열심히 해서 우리 도서관에 꼭 보탬이 되도록 하겠습니다." 이런 소릴 들으면 높은 사람이라도 눈물이 찔끔 날 지경이다.

『칭찬은 고래도 춤추게 한다』라는 책이 베스트셀러가 된 적이 있다. 이 책에 보면 고래 조련사와 고래와의 관계는 인간관계와 다르지 않다. 조련사가 고래에게 멋진 쇼를 하게 만드는 비결은 고래에 대한 관심과 칭찬, 그리고 격려라고 말하고 있다. 사실 “잘 한다, 잘한다 하면 더 잘 한다”는 말처럼 인사관리에서 칭찬의 효과는 대단하다. 상사는 부하로부터 존경을 받고, 부하는 상사로부터 인정을 받으려면 상대방에 대하여 시의적절한 칭찬에 인색해서는 안 된다.

21

잘못한 일은 호되게 질책하라

학교에서나 직장에서나 상과 벌이 있다. 교육이든 업무든 상과 벌은 평가의 결과 나오는 것이 보통이지만 일상 생활가운데서도 크고 작은 상과 벌을 활용할 수 있다. 앞서 살펴본 칭찬은 일종의 상이라 할 수 있다. 조직 내에서 칭찬이 쌓이고 확산되면 그 직원은 더 큰 상을 받게 되고, 국가적으로 공헌이 인정되는 경우에는 훈장도 받을 수 있다.

반면에 일상적인 학업과 업무에서 성실하지 못하고, 스승이나 상사의 지시를 무시하고, 불평불만을 하는 학생이나 직원은 그에 상응하는 질책과 벌을 받아야 마땅하다. 잘못한 일이 있어도 '좋은 게 좋다'는 식으로 덮고 넘어가게 되면 잘못을 반복할 여지를 남겨주기 때문에 개인에게도 조직에게도 피해를 준다. 따라서 잘한 일에 칭찬을 하는 것처럼 사소한 잘못이라도 고의성이 있다고 판단되는 사안은 분명히 짚고 넘어가야 한다. 물론 칭찬을 하는 것처럼 빈번하게 질책하거나 벌을 주는 것은 바람직하지 않지만, 조직질서나 조직목표 달성에 위반되는 잘못을 했을 경우에는 합리적인 방법으로 호되게 책임을 물어야 한다.

인사정책을 규정해 두는 것은 바로 조직질서를 확립하고, 직원들을 조직에 몰입하여 일할 수 있도록 유도할 뿐 아니라 공정성, 정당성, 합리성, 성실성, 직장예절 등을 위반한 구성원에 대해서 경영자가 개인적 감정의 개입 없이 합리적, 합법적으로 구성원을 통제할 수 있는 절차를 마련하기 위한 것이다. 사소한 잘못에 대해서는 대화를 통해 질책할 수 있지만, 대화로 질책을 해도 반복되는 잘못에 대해서는 정식으로, 인사규정에 따라 징계절차를 밟아야 한다. 다만 구성원의 처벌은 경영자가 혼자서 결정하는 사안이 아니라 인사위원회 또는 상벌위원회 등의 객관적 절차를 거쳐야 한다.

도서관 경영의 50가지 법칙
계획의 실행
DOING : 건물 시설관리

22

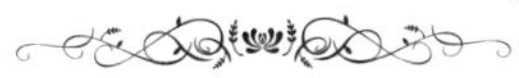

건물 설계는 100년 앞을 내다보라

일반인들이 보기에 도서관은 여느 건물과 다르지 않을 것이다. 그러나 도서관의 건물은 일반 건물과는 다르고 또 달라야 한다. 도서관 건물은 역사에 길이 전승될 건물이기 때문에 최대한 반영구적으로 지탱할 수 있도록 견고하게 설계해야 한다. 도서관의 건물은 일반 건물과는 다른 '복합건물'로서 도서관에 소장되는 각종 장서와 설비의 무게를 안전하게 지탱할 수 있도록 설계해야 하며, 지속적으로 늘어나는 장서의 보존과 이용을 모두 고려, 미래의 규모 확장에도 대비해야 한다. 또한 도서관의 목적과 기능을 원활하게 수행할 수 있도록 하면서 건물의 외부 디자인과 내부 공간이 심미적 내지 실용적 공간으로서 조화를 이룰 수 있도록 설계해야 한다.

도서관 건축설계에서 기술적으로 고려할 가장 중요한 문제는 건축구조의 내구성과 안전성이라고 할 수 있다. 건물의 구조가 역학적으로 안정적이어야 하며, 지진, 폭우, 폭설 등 자연재해는 물론 화재, 수재에도 피해를 최소화할 수 있도록 설계해야 한다. 이를 위해서는 건축구조와 상하수도 배관설계, 전기, 가스 등 에너지 이용설비, 소방 설비의 배치, 건축자재와 마감재 등에서도 전문가에 의한 최선의 선택이 이루어져야 한다.

우리나라의 도서관들은 규모가 큰 국립도서관이나 국회도서관 및 대학도서관들의 경우를 제외하면 설계 당시부터 도서관의 용도로 건축된 건물이 아직 많지 않다. 제법 큰 규모의 도서관이라도 옛날 고등학교 건물을 도서관으로 사용하는 경우가 있는가 하면, 사무용 빌딩 안에 도서관을 설치하는 경우도 적지 않다. 도서관을 새로 건축하는 경우에도 외부의 디자인과 내부의 실용성이 조화를 이루지 못하는 경우가 많다. 어떤 경우에는 외부 디자인에 너무 치중한 나머지 건물 규모에 비하여 내부의 공간 실용성이 떨어지는 도서관도 발견된다. 이는 대개 지방자치단체들의 전시 행정으로 업적 쌓기에 급급한 나머지 도서관의 목적과 기능 및 미래의 확장에 대한 치밀한 검토 없이 도서관을 급조한데서 비롯된다고 볼 수 있다.

23

시설은 용도별로 최적화하라

소규모의 작은 도서관을 제외하면 대부분의 도서관들은 용도별로 시설을 구획하게 된다. 도서관 봉사를 간접봉사와 직접봉사로 구분할 때 간접봉사 업무는 직접봉사를 위한 준비 업무로서 고객들이 보이지 않는 곳에서 수행하게 된다. 간접봉사를 위한 직원 업무공간은 업무의 능률과 효율성을 우선적으로 고려, 업무의 기능, 과정, 업무 동선에 적합하도록 구획하는 것이 바람직하다. 직원 사무실과 관장실, 회의실 등은 도서관 출입구가 있는 1층 안내데스크와 근접 배치하여 자료 및 물품의 수급이나 업무 관련자들의 접견과 상담 등을 용이하게 해야 한다. 간혹 사무실과 관장실을 2층 또는 3층에 배치하는 경우를 볼 수 있는 데, 이렇게 되면 업무와 관련되는 외부 인사들의 출입에 불편을 줄 뿐 아니라 고객들에게 경직된 관료적인 인상을 주기 쉬우며 자료와 물품의 반입 반출 운반 시에도 불편을 겪게 된다.

도서관의 서비스별 공간 구획은 층별 로비, 휴게실, 자료실, 디지털자료실, 독서실, 어린이실, 세미나실, 강의실, 극장, 식당 등으로 나눌 수 있다. 층별 로비는 각 층의 시설을 찾아가는 일종의 고객 접견공간이므로 밝고 쾌적해야 한다. 또 심미적 휴게실과 식수대, 화장실 등을 가까이 배치하고, 넓은 공간은 전시공간으로 활용할 수 있도록 고려해 두면 편리하다. 층별 로비가 어둡고 우중충하여 쾌적한 인상을 주지 못하는 도서관이나 행정기관들이 아직도 많이 눈에 띈다. 이런 공공기관에 들어가면 고객을 환영하지 않는 것 같은 분위기가 느껴진다.

자료실은 도서관의 핵심적 공간이다. 장서를 분류하여 서가에 질서정연하게 배열해 두고 고객들에게 개방하는 공간이다. 따라서 공간 구성에도 고객을 배려하는 분위기가 느껴질 수 있어야 한다. 서가 사이가 비좁아서 고객끼리 부딪치게 해서는 곤란하다. 검색대와 열람석을 군데군데 설치해서 검색과 브라우징 및 독서에 불편하지 않도록 해야 한다. 바닥은 주요 동선만이라도 여성들의 하이힐 소리를 흡수할 수 있는 양탄자 같은 재질로 포장하여 다른 고객들에게 소음공해를 주지 않도록 해야 한다. 자료실 입구에는 심미적 디자인의 도난방지시스템을 설치함으로써 실제로 감시를 하면서도 고객들에게는 감시당한다는 느낌을 별로 주지 않도록 하는 것이 좋다. 담당 사서데스크는 모서리가 둥근 낮은 책상과 탁자를 배치하여 고객의 눈높이에서 정보서비스를 제공할 수 있도록 배려해야 하며, 사서데스크 옆 공간에는 관공서 사무실 분위가 나지 않는 디자인의 소파를 일렬로 배치하여 자료를 브라우징 하는 고객들이 집에서처럼 편안하게 이용할 수 있어야 한다. 자료실은 보존전용 자료실이 아닌 한 직원이나 이용자들에게 알맞은 온습도와 조도 등을 유지해야 한다.

다음은 디지털자료실이다. 디지털자료실은 시설이 더 복잡하다. 데이터를 관리하는 하드웨어 서버 시설은 고객이 보이지 않도록 분리 배치해야 한다. 대부분의 디지털 자료실은 인터넷을 사용할 수 있는 고객용 데스크 탑 컴퓨터가 수 십대씩 설치되어 있고, 개인이 노트북을 가지고 와서 이용할 수 있는 공간도 일부 마련해놓고 있다. 한편 앞으로 디지털 자료실에는 일체형 컴퓨터를 비치하는 것이 바람직할 것으로 생각된다. 본체가 모니터에 통합된 일체형 컴퓨터를 설치하면 공간 활용도를 높일 수 있어 관리자나 고객들 모두에게 편리할 것이기 때문이다. 또한 영화를 볼 수 있는 비디오 및 DVD 플레이어 코너도 디지털 통합기술의 발전으로 디지털자료실에서 점점 사라져 갈 것으로 예상된다. 모든 디지털정보를 노트북이나 스마트폰으로 이용하는 넷 세대(net generation)가 성장하여 정보 이용에 주도적인 역할을 하게 되었고 새로운 디지털 원주민(digital native)이 계속 출현할 것이기 때문에 디지털자료실은 머지않아 도서관의 자료실 개념을 바꾸게 될 것이다.

필자는 방학 중에 공공도서관 디지털자료실을 자주 이용하고 있는데 그 이유는 일반 자료실에서는 책만 볼 수 있으나, 디지털 자료실의 노트북 데스크에 오면 책(일반 자료실에서 대출 받은 책)도 볼 수 있고 인터넷정보도 검색할 수 있어서 온 · 오프라인 자료를 찾아가며 글을 쓰는데 매우 편리하기 때문이다. 앞으로는 일반자료실, 디지털자료실, 열람실 등 도서관의 모든 이용자 공간에 컴퓨터를 설치하고 모든 온 · 오프라인 자료를 이용할 수 있도록 공간을 구성하는 것이 좋을 것 같다. 실제로 서울 동대문정보화도서관은 설립 시부터 열람실을 설치하지 않는 대신 각 자료실 열람석에 컴퓨터를 배치하고 책과 온라인자료를 동시에 활용할 수 있는 정보이용 환경을 제공하고 있다. 이용대상 고객에 비해 시설이 부족해서 문제지만.

우리나라 도서관들의 열람실은 도서관의 종류를 불문하고 수 십 년째 공부방으로 운영되어 왔다. 공부방은 수험생들이 자기 책을 가지고 와서 공부하는 곳으로서 시험시기가 다가오면 도서관 열람실을 이용하기 위해 아침 일찍부터 장사진을 이룬다. 집에서는 공부할 수 있는 환경이 잘 안 되고 사설 독서실을 이용하려면 경제적 부담이 크기 때문에 많은 수험생들이 도서관으로 몰려오는 것이다. 이러한 현상은 필자가 학생시절에도 똑 같았다. 그러나 열람실을 전적으로 수험생을 위한 공부방으로 내어주는 것은 도서관의 본질에는 맞지 않는 일이어서 도서관들은 열람실을 축소하거나 없애려는 방향으로 나아가고 있다.

여기에서 이용자인 시민들과 종종 마찰이 일어난다. 그러나 도서관은 시민들의 필요와 요구를 외면할 수 없다. 그러한 요구가 도서관의 방향과 다소 다르더라도 그들의 목적과 도서관의 목적을 절충 또는 융합하여 고객들에게 최선의 학습 환경을 마련해 줌으로써 교육기관으로서의 도서관의 방향과 위상을 재정립해 나가야 한다. 따라서 필자의 생각으로는 열람실을 전부 자료실로 바꾸되 열람좌석을 많이 배치하고 온라인 자료도 활용할 수 있는 컴퓨터 활용공간도 만들어서 도

서관을 하이브리드 학습공간으로 제공하는 것이 바람직하다
고 본다.

24

비품은 20년 앞을 내다보라

가정에서 가구가 중요하듯 도서관에서도 비품이 중요하다. 가정에서의 가구가 심미적이고 안락해야 하는 것처럼 도서관의 비품 역시 심미적이면서도 용도별로 안전성과 기능성이 보장되어야 한다. 도서관에서의 주요 비품은 서가, 열람테이블과 의자, 디지털 열람테이블과 의자, 휴게실 탁자와 의자, 안내데스크, 사무용 책상과 의자, 회의용 테이블과 의자, 세미나실 탁자와 의자, 강의실 탁자와 의자, 강당의자, 북 트럭, 복사기, 프린트기, 전화기, 소파 등으로 살림살이가 매우 많다. 이들 살림살이들은 보기도 좋고 튼튼하며 쓸모가 있어야 한다. 가구가 오래되면 기능이 떨어지고 보기도 싫어져서 싫증이 나듯이 비품도 오래되면 싫증이 나게 되어 있다. 철제 서가가 녹이 쓸고, 북 트럭의 바퀴가 삐거덕거리며, 열람 테이블이 흔들거린다면, 이들은 도서관의 공해물질이다.

따라서 비품을 선택할 때에는 내구성과 심미성을 면밀히 검토하여 구입 후 최소한 20년은 무난하게 사용할 수 있어야 한다. 예산 사정이나 긴급성을 이유로 값싼 물건 위주로 비품을 구입하게 되면 얼마 못가서 교체하지 않으면 안 되므로 오히려 예산 낭비의 요인이 되며, 직원과 이용자에게도 불편을 주게 될 것이다. 필자는 개인 서재용 서가를 30여 년 전에 당시로서는 가장 보기 좋고, 품질이 좋은 좀 비싼 제품을 구입하였다. 그 결과 지금까지도 무리 없이 잘 사용하고 있다. 그런데 혼자 임시방편으로 싼 맛에 구입했던 소파나 가구들은 3년도 안되어 모두 폐품처리하고 말았다. 이를 통해 탁월한 비품 선택이 얼마나 중요한가를 절실히 깨닫게 되었다. 도서관의 비품은 남의 물건이 아니다. 직원과 고객을 위해 20년 이상 사용할 수 있는 고품질의 비품을 선택해야 한다.

25

시각표지물을 최적화하라

시각표지물은 한 마디로 간판이다. 간판은 하나만 있는 것이 아니라 구역마다 시설마다 다 붙어 있어야 한다. 간판을 다는 목적은 그 곳이 무엇을 하는 곳인지를 고객들에게 알려주는 데 있다. 간판은 도서관인지, 박물관인지, 일반 자료실인지, 청소년 자료실인지, 식당인지, 화장실인지 처음 오는 사람이라도 누구나 쉽게 알 수 있도록 안내해 준다. 따라서 간판은 홍보와 마케팅의 첫 번째 도구이다.

기업이나 기관단체는 그들의 홍보를 위해 로고를 디자인하고 간판에 넣어 그들의 상징으로 활용한다. 서울대학교의 '진리는 나의 빛' 로고는 서울대학교를 상징한다. 성균관대학교의 은행잎 로고는 성균관대학교의 상징이다. 검찰의 칼 로고는 정의의 칼로 불의를 재단하는 검찰의 특징을 잘 드러낸다. 모든 기관단체 및 기업들은 그 기관의 상징인 로고를 멋지게 제작하기 위해 노력하며 로고가 싫증나거나 새로운 계기가 발생되면 큰돈을 들여 로고를 다시 디자인하고 간판업체를 먹여 살린다.

그런데 도서관의 로고는 그렇게 흔하지 않다. 대학도서관들은 소속 대학의 로고가 있어 별도의 로고가 필요 없다. 공공도서관들은 별도 로고를 제작하여 사용하는 곳도 있으나 소속 자치단체의 로고를 그대로 사용하는 경우가 대부분이다. 기업체 도서관 역시 그 기업의 로고를 그대로 사용하여 기업을 홍보하는 효과를 낸다. 로고를 별도로 만들 것인가 말 것인가의 문제는 오직 그 기관의 모기관이나 경영자의 뜻에 달려 있다. 그러나 로고를 별도로 만들든 그렇지 않든 기관을 상징하는 로고는 꼭 필요하며 로고를 그 기관의 모든 시각표지물에 넣어 활용하는 것이 홍보와 마케팅을 위해 효과적이다.

모든 시각표지물은 로고를 기초로 제작된다. 도서관 진입로 길거리 이정표, 도서관 건물의 간판, 현관의 층별 종합안내판, 각 시설의 방향표지판, 각 실별 번호 및 명칭, 자료실의 분류번호판, 서가의 분류번호판, 옥상이나 야외 정원의 식물 및 화초의 이름표, 직원의 이름표, 신분증, 출입증 등 모든 시각표지물에 반드시 로고가 들어가야 한다.

시각표지물은 심미적이어야 한다. 컴퓨터에서 프린트한 것 같이 밋밋한 표지판이 되어서는 곤란하다. 그 기관 및 시설의 특징을 잘 나타내면서도 이해하기 쉽고 보기에도 좋은 표지물이 되어야 한다. 시설 명칭은 글자를 아는 사람이라면 누구나 금방 알 수 있는 표현이라야 한다. 요즘에는 시설 이름을 멋있게 짓기 위해서 공을 들이는 걸 볼 수 있으나 일반인들이 잘 알아들을 수 없는 표현은 아무리 멋이 있어도 쓰지 않는 편이 좋다. 그러한 표현들은 특이하고 멋있어 보이지만 일반인이 알아차리려면 직원한테 물어보아야 하며, 직원도 그 의미를 모를 경우 이름을 지은 사람에게 문의해야 하는 번거로움이 있다.

또한 시각표지물은 시간이 지나면 빛이 바래기 마련이다. 어느 기관이든 빛바랜 표지물을 그대로 두는 것은 고색창연한 느낌을 줄지는 모르지만 산뜻한 인상을 주지는 못하므로 잘 판단하여 적절한 시기에 교체해 주어야 한다. 특히 야외에 설치되는 간판이나 정원의 꽃 이름 표지판은 쉽게 색이 퇴화되므로 최소한 5년 정도의 주기로 새로 제작하여 교체하는 것이 바람직하다.

26

시설고장은 즉시 근본적으로 수선하라

아무리 설계와 시공이 잘된 도서관이라도 건물과 시설은 언젠가는 고장이 나기 마련이다. 인위적이든 자연풍화에 의한 것이든 시설은 불시에 고장이 나기 쉽다. 건물의 벽에 균열이 생기고, 비가 새며, 유리창에 금이 간다. 냉 · 난방 시설이 작동하지 않으며, 화장실은 상습적으로 막힌다. 야외의 가로등은 청소년들의 태권도 발차기 연습으로 수시로 파괴된다. 마이크시설은 공교롭게도 중요한 행사를 앞두고 작동되지 않는다. 이러한 일들은 도서관에 1년만 근무해 보면 누구나 쉽게 체험할 수 있다.

건물 전체에 영향을 미칠 수 있는 고장과 균열은 전문가의 안전진단을 받아 즉시 보강조치를 해야 한다. 화장실이나 세면기의 고장도 발견 즉시 근본적인 조치를 해야 한다. 마이크 시설은 주기적으로 점검하여 정상 작동여부를 확인하고, 고장이 잦은 경우는 근본적으로 수리를 해야 한다. 어떤 직원이라도 시설 고장을 발견한다면 즉시 담당자 및 경영 책임자에게 보고하여 근본적 조치를 하도록 해야 한다. 특히 소방시설은 평소에 아무 일 없으므로 무관심하기 쉬우나 소방법규에 따라 시설점검을 철저히 해 두어야 한다. 소화전이나 소화기 점검을 서류로만 해서는 안 되며 실제로 작동여부를 철저하게 점검해야 하며, CATV시설도 날마다 점검해서 언제나 정상 작동이 되도록 신경 써야 하며 점검관리기록을 유지관리해야 한다. 담당자와 경영자는 예산이 없다는 이유로 고장수리를 지연시켜서는 안 된다. 예산이 없으면 감독기관에 보고하여 추가예산을 확보도록 긴급으로 조치해야 한다.

27

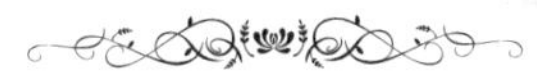

장애인을 충분히 배려하라

장애인은 몸이 불편한 사람이다. 시각, 청각, 그리고 오체 불만족의 사람들은 일상을 살아가는 데 있어 어딜 가나 불편을 느끼지 않을 수 없을 것이다. 모든 시설이 정상인 중심으로 되어 있기 때문이다. 그래서 법적으로는 장애인의 차별을 금지하는 장치가 마련되어 있다. 장애인차별금지 및 권리구제 등에 관한 법률 제1조(목적)는 "이 법은 모든 생활영역에서 장애를 이유로 한 차별을 금지하고 장애를 이유로 차별받은 사람의 권익을 효과적으로 구제함으로써 장애인의 완전한 사회참여와 평등권 실현을 통하여 인간으로서의 존엄과 가치를 구현함을 목적으로 한다."고 규정하고, 이어서 제2조(장애와 장애인)는 "① 이 법에서 금지하는 차별행위의 사유가 되는 장애라 함은 신체적 · 정신적 손상 또는 기능상실이 장기간에 걸쳐 개인의 일상 또는 사회생활에 상당한 제약을 초래하는 상태를 말한다. ② 장애인이라 함은 제1항에 따른 장애가 있는 사람을 말한다."라고 하여 장애인에 대한 차별을 법률적으로 금지하고 있다.

그런데 모든 게 다 그러하듯이 현실은 법대로만 되는 것은 아니다. 법률이 있다고 해도 공공기관이나 민간단체나 조직을 운영하는 사람들은 관계 법령을 잘 모르는 경우가 허다하며, 설사 관련 법규를 안다고 해도 인력, 예산 등 여러 가지 이유로 법대로 지키기 어려운 것 또한 현실이다. 그러나 그렇더라도 경영자는 장애인을 충분히 배려하는 경영을 해야 한다. 법률도 법률이지만 공공기관이 실질적으로 사회적 평등을 구현하기 위해서는 법률 이전에 조직경영의 모든 요소에서 장애인에 대한 인간적 배려를 해야 할 것이다.

도서관도 장애인을 배려한 시설과 자료가 되어 있지 않은 곳이 많다. 계단만 있고 엘리베이터가 없는 곳, 휠체어를 이용할 통로가 없는 곳, 자료실이나 디지털자료실에 장애인 좌석이 없는 곳, 점자자료실이 없는 곳이 대부분이다. 물론 모든 도서관이 장애인을 위한 시설과 서비스를 제공할 수는 없다고 해도 규모가 큰 지역 대표도서관이나 대학도서관, 학교 도서관 등은 장애인을 위한 인력, 시설, 자료를 필수적으로 갖추어야 한다. 장애인 시설의 이용 빈도가 높지 않다고 해도 지역사회의 주요 정보제공기관인 도서관들이 장애인에 대한 도서관서비스를 외면해서는 안 된다. 모든 도서관 경영자는 좀 더 역지사지(易地思之)하는 마음으로 장애인을 위한 도서관 서비스의 품질을 높여나가야 한다.

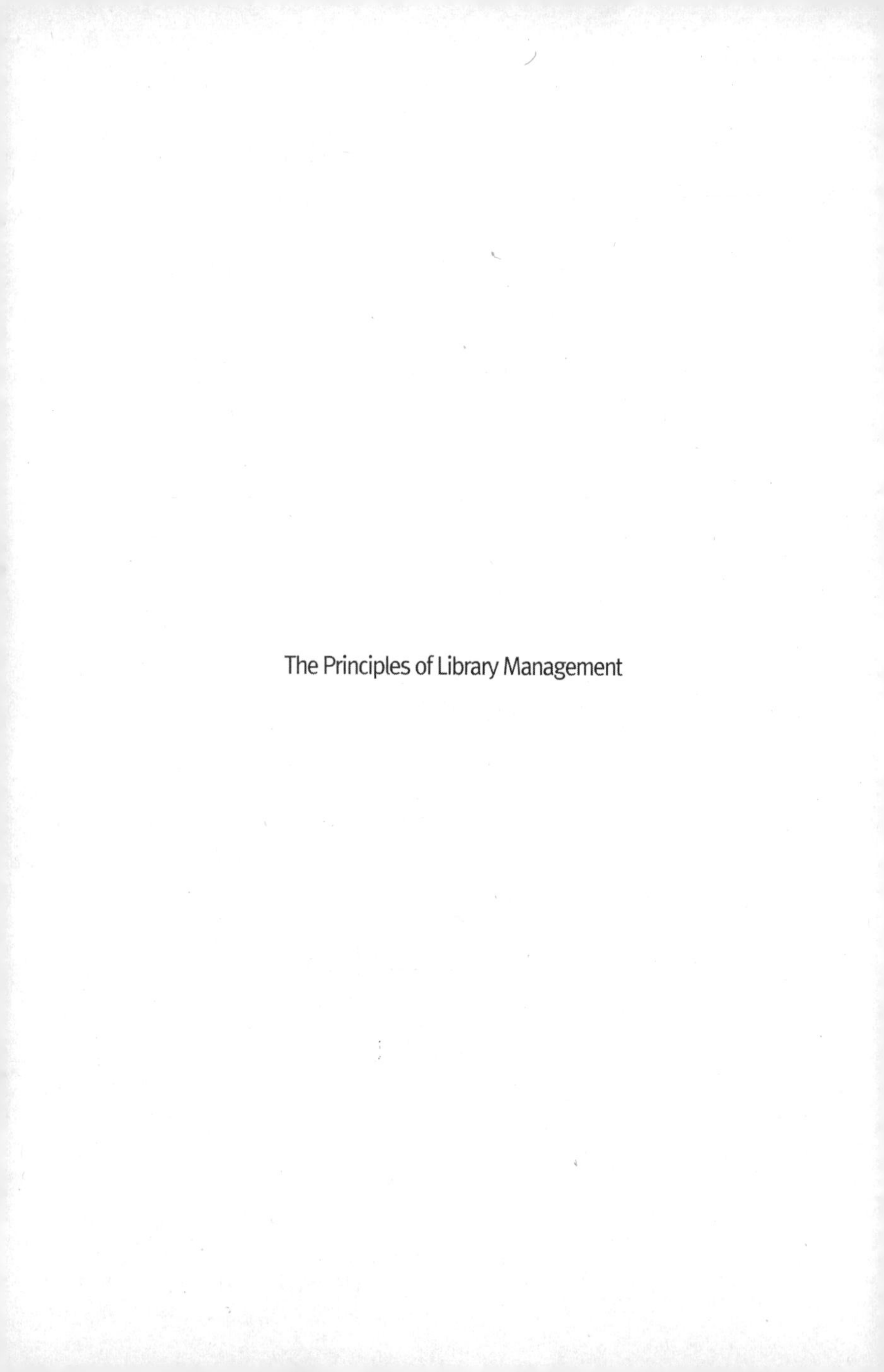
The Principles of Library Management

도서관 경영의 50가지 법칙
계획의 실행
DOING : 콘텐츠 관리

28

장서개발정책을 반드시 수립 시행하라

장서개발정책은 인사관리정책과 더불어 도서관이 수립해야 할 가장 기본적인 정책이다. 잘 정비된 장서개발정책은 도서관 자료를 체계적으로 개발할 뿐 아니라 장서에 대한 내·외부의 간섭을 방어할 수 있는 수단이 된다. 장서개발정책은 도서관의 지적자유를 수호하는 보루이며 일관된 장서수집과 지속적인 정보서비스를 제공하는 기반이 된다.

장서개발정책은 현재의 장서 특성을 기술함으로써, 직원들에게 장·단기에 걸친 조직의 목적과 목표, 그리고 이에 따른 여러 활동들의 우선순위에 초점을 맞추어 장서를 수집할 수 있게 한다. 또 도서관 내부, 도서관 상호간, 도서관 외부기관들과의 의사소통 채널로서 협동장서개발, 외부검열 및 간섭의 방지, 기증처리, 자료의 선택제외, 연속간행물 취소 등을 포함하는 제반 장서관리 활동의 기준이 된다.

도서관의 기본적 업무는 적절한 자료를 선택, 정리, 보존하고 고객에게 제공하는 것이다. 기술발전에 따라 도서관의 주된 전략은 보존 자료를 필요한 경우에 이용하게 하는 전략(just in case)에서 자료를 제때에 접근하게 하는 전략(just in time)으로 변화되고 있다. 따라서 장서개발정책도 중대한 변화를 맞고 있으며 도서관은 보다 폭넓게 정보를 수집, 배포해야할 필요성에 직면하게 되었다. 도서관은 이러한 시대적 요구에 발맞추어 소유와 접근의 양면적 장서개발 정책을 수립하고 시행할 필요가 있다.

29

신간서적은 신속하게 제공하라

인간은 언제나 새로움을 추구한다. 세월이 감에 따라 사람은 늙지만 새로운 생명이 계속 태어난다. 교육과정도 계속 새롭게 개편된다. 책도 마찬가지다. 10년 전, 20년 전의 책은 역사적 가치는 있을지 몰라도 거의 이용되지 않는다. 고객들은 신간에 대한 수요가 매우 강하다. 사람들이 책을 많이 읽지 않는다고 해도 대형서점의 매장은 사람들로 넘쳐난다. 대형서점의 고객 수는 도서관 이용자 수와는 비교할 수 없을 정도로 많은 것 같다. 대형서점에는 온갖 책들이 잘 갖추어져 있고, 신간도 발행즉시 접할 수 있다.

고객들은 도서관에서 신간서적을 신속하게 이용할 수 없는 점이 불만이라고 한다. 사서인 필자도 고객으로서 도서관을 이용할 때 원하는 신간서적이 없으면 매우 실망한다. 그러나 도서관은 개인이 서점에 가서 책을 사듯이 그렇게 신속하게 책을 살 수는 없다. 자료 선택의 과정부터 수서행정과 회계처리, 책에 대한 장비작업에 이르기까지 잡다한 일에 시간이 많이 소요된다. 어떤 경우는 책을 검수해놓고도 정리하는데 6개월이나 걸리는 경우도 있다. 고객들은 빨리 신간을 보고 싶다 하고 도서관은 정리하느라고 기다리라고 하고 이러한 이용자와 도서관간의 시차는 고객의 불만요인 중 하나이며 도서관의 효과성을 저해하는 주요 요인이다.

따라서 도서관은 신간서적을 신속하게 구입하고 재빨리 정리하여 고객들에게 내어 놓아야 한다. 도서관에 때 지난 오래된 책만 가득하고 신간서적이 별로 없다면 고객들은 도서관을 신뢰하지 않을 것이다. 희망도서를 신청했는데도 별 설명도 없이 무작정 기다리게 하면 고객은 그 사이에 서점에 가서 책을 구입하여 이용한다. 필자의 경우 서울 모 공공도서관에 희망도서를 신청한 일이 있었다. 당시 필자로서는 논문을 쓰는데 급히 필요하여 도서관에 희망도서를 신청했으나 오지 않아 구입하여 이용했는데, 도서관은 3개월 후에야 자료가 도착되어 이용할 수 있다는 내용의 문자 메시지를 보내왔다. 한

마디로 뒷북 행정인 것이다. 우리나라는 뒷북치는 행정이 많은 것 같다. 도서관이 이런 저런 사유를 대며 뒷북행정을 계속한다면 도서관은 고객들로부터 신뢰를 받기 어려울 것이다.

30

자료의 조직 질서를 철저히 지켜라

소장 자료는 3분 내에 찾을 수 있게 하라

인류는 분류하는 동물이다. 인류(人類)의 '류(類)'라는 말 속에는 이미 분류가 적용되어 있다. 모든 인간생활에 분류가 없는 곳은 없다고 해도 과언이 아니다. 산과 들이 분류되고 논과 밭이 분류된다. 초가집과 기와집, 빌딩이 분류된다. 안방과 거실, 주방이 분류되고, 모든 가재도구들도 쓸모에 따라 분류된다. 만일 인간 생활에서 분류와 정리의 개념이 없다면 소나 개, 돼지처럼 뒤죽박죽의 상태에서 날마다 쓰레기 더미를 헤매며 지저분하게 살아갈 것이다. 인류는 자연과 사물을 분류하고 질서지음으로서 인간 생활을 짜임새 있고, 편리하며, 질서 있게 영위할 수 있다.

인간생활의 총체적인 맥락에서 볼 때 학문의 분류는 그 무엇보다도 중요한 의미를 갖는다. 인간의 문명생활은 학문으로부터 발전했기 때문이다. 학자들은 연구 대상의 무질서한 상태를 잘 분류 정리해서 질서 있는 상태로 만들어 주는 사람들이라 할 수 있다. 복잡하게 얽혀 있는 문제를 실마리(緖論)를 풀어 이것을 유별로 가닥을 잡고(本論), 이론과 대안(結論)을 정리하는 것이 곧 학문 활동인 것이다. 따라서 학문 활동을 지원하는 도서관은 학문의 도구인 정보와 지식을 잘 분류 정리하는 일이 무엇보다 중요한 임무가 된다. 우리가 도서관의 분류와 정리를 연구하고 실행함에 있어 항상 위와 같은 맥락에서 분류의 중요성을 인식하고, 학문의 발전을 위해 도움이 될 수 있도록 도서관 실무를 전개해 나가야 한다. 도서관의 분류는 도서관의 관리를 위한 분류라기보다는 학술 발전을 위한 분류라는 인식을 항상 간직할 필요가 있다.

분류의 의미는 사물을 공통된 성질에 따라 종류별로 나누는 것이라 할 수 있다. 자료의 분류는 자료를 주제나 형식의 유사성에 따라 체계적으로 배열할 수 있도록 구분하는 것으로서 같은 것은 같게, 다른 것은 다르게 서가상의 주소를 결정하고, 목록의 배열 순서를 결정하는 것이다. 따라서 분류는 나눈다는 의미가 강하나, 같은 것을 모은다는 의미도 함께 포함되어 있다. 다른 것은 나누되 같은 것은 모아 줌으로서 자료의 질서를 찾아 주는 것이다.

분류의 효과

- 자료의 전체적 구성을 쉽게 알 수 있다.
- 모든 지식을 체계화할 수 있다.
- 목적한 주제의 관련 주제를 그 전후에서 구할 수 있다.
- 분류기호를 기억함으로써 시간과 노력을 절약할 수 있다.
- 자료를 계획적으로 균형 있게 선택하는데 도움을 준다.

31

인장을 보이는 곳에 너무 많이 날인하지 말라

장서인은 도서관의 소장 자료임을 나타내는 도장이다. 개인들은 서점에서 책을 사면 책의 적절한 여백에 소속과 이름을 써서 자기 소유라는 것을 나타낸다. 초등학교 교과서에는 아예 책의 뒤표지에 이름 쓰는 난이 마련되어 있다. 책의 소유자를 기록하여 둠으로써 책의 분실을 예방하고, 분실 되었을 때 소유자를 쉽게 식별하기 위한 일종의 소유자 확인 방법이다. 도서관이나 개인이나 자기 소유의 책을 잘 보유하기 위한 하나의 예방책을 쓰는 것이다.

도서관의 장서인(藏書印)은 보통 사각형 붉은색의 큰 도장으로서 책의 안쪽 표제지에 날인한다. 그리고 이를 보완하는 수단으로 비인(秘印), 측인(側印) 등을 추가하여 찍는다. 비인(秘印)은 자기 도서관만이 비밀로 정한 책면에 작은 도장을 날인하는 것으로 장서인을 찍은 면이 고의 또는 마모로 없어질 경우에 대비하여 자기 도서관에서 정한 특정 책면의 잘 눈에 띄지 않는 위치에 비밀 도장을 찍어 둠으로서 후일 분실된 장서를 확인하기 위한 방법이다. 도서관은 장서인과 비인으로 소장 자료표지를 해 두지만 이것으로 만족하지는 않는다. 그래서 그냥 겉으로 보기만 해도 소유를 알 수 있도록 측면에 스탬프 고무인을 찍는다. 어떤 도서관은 측면만 찍는 것이 아니라 책의 위면, 아래 면까지 다 찍어 놓기도 한다.

고객들은 도서관의 책을 대출하여 그 도서관에서만이 아니라 지하철, 버스, 대합실 등 공공장소에서 책을 읽는다(필자의 경우 지하철에서의 독서가 집에서보다 효과적일 경우가 많다). 그런데 승객들이 손에 들고 있는 책을 보면 '00시립도서관', '00대학도서관', '00회사도서실' 등의 고무인이 시퍼렇게 찍혀 있어 흉물스럽게 보일 때가 많다. 도서관의 책은 북재킷을 걷어내고 '알 책'만 남겨놓은 상태라 미감(美感)이 떨어지는데, 거기다 시퍼런 도장까지 사방에 다 찍어놓았으니 책의 미감이 더 떨어져 보이는 것은 당연하다. 또한 속칭 일류대학이나 좋은 회사의 도서관 도장이 찍혀 있는 경우는 이용자들이 프라이드를 느낄지 모르지만, 그렇지 않은 경우는 시퍼런 고무인이 다른 사람들에게 보이지 않도록 손으로 가리는 현상도 간혹 엿보인다.

그렇다면 도서관들은 이용자를 배려하여 도서관 책의 측면에 고무인을 날인하지 말고 책 아래 면에만 고무인을 날인하면 어떨까? 책의 윗면과 측면은 깨끗하게 남겨두고 책의 아랫면에만 고무인을 날인한다면 도서관 책의 미감을 덜 훼손할 것이고, 이용자들이 공공장소에서 도서관 책을 읽더라도 다른 사람들의 시선을 의식하지 않고 마치 자기소유의 책처럼 독서를 즐길 수 있을 것이다.

32

이중분류를 지양하라

도서관에서는 모든 자료를 한 가지 분류표로 분류하여 정리 배열하는 것이 원칙이다. 이 원칙을 모르는 사서들은 아마 거의 없을 것이다. 그런데 현실에서는 이러한 원칙이 지켜지지 않는 경우가 종종 있다. 예를 들어 동양서는 한국십진분류법을 사용하고 서양서는 듀이십진분류법을 사용하는 대학도서관이 있다. 또한 한국십진분류법을 사용하는 도서관인데 정부간행물이나 비매품 자료들은 한국십진분류법을 적용하기 어렵다는 이유로 자체 분류법을 만들어 사용하는 경우도 있다.

한 도서관에서 2가지 이상의 분류법을 사용하는 주된 이유는 관리상 편리하다는 점일 것이다. 그러나 필자의 경험에 의하면 한 도서관에 둘 이상의 분류법을 사용하는 이중적인 기준의 자료 정리와 배열은 관리에도 이용에도 불편을 준다. 자체적으로 고안한 분류는 대개 자료의 형태 위주, 즉 바인더 자료, 출장보고서, 설계자료 등으로 별도의 부호를 정하여 분류하기가 십상인데, 이는 분류의 대 원칙인 주제 분류를 무시한 결과가 되어 분류라기보다는 형태별 별치 개념에 가깝게 된다. 따라서 이용자가 자료에 접근하는 가장 기초적인 방법인 주제별 접근에 혼란을 주는 것이다. 따라서 별도의 분류표를 만들 것이 아니라 하나의 분류법을 기준으로 형태상 특별한 자료들은 별치하는 방법을 택하는 것이 혼선을 줄이는 방법이다.

자료를 별도의 방이나 서가에 배치하는 경우에도 그 기준을 명확히 해 두는 것이 관리와 이용에 혼선을 방지할 수 있다. 필자의 경험에 의하면 어떤 공공도서관은 연속간행물실에 연속간행물이 아닌 공공기관에서 기증한 단행본자료들과 향토자료들을 분류표와 상관없이 배치하고 대출을 제한시켜 이용자에게 큰 불편을 주고 있었다. 공공도서관에서 자료를 별치하는 경우는 참고자료, 향토자료, 연속간행물로 구분하여 배치하고, 주제별로는 인문사회과학자료실, 자연과학자료실, 예술체육자료실 정도로 구분하여 별치하는 것이 관리 및 이용에 편리할 것으로 생각한다. 자료의 분류는 분류의 원칙을 철저히 지키면서도 고객의 이용 편의를 충분히 고려해야 한다.

33

하루에 한번 이상 서가를 둘러보라

우리가 삶의 일상을 둘러보는 일은 가정에서도 직장에서도 매우 중요하다. 모든 조직구성원들은 자기가 책임 맡고 있는 조직과 시설이 제대로 작동되고 있는지, 직원들의 근무상태는 어떠한지, 고객들의 상태와 불편사항은 무엇인지 등 현장의 상황을 파악하고 문제점이 있는 곳, 바로잡아야 할 곳 등을 제때에 알아내어 개선해 나가야 한다.

필자는 요즘 공공도서관의 디지털 자료실 노트북 좌석을 이용하고 있다. 그런데 어느 날 그 자리는 다른 이용자가 사용하고 있어 그 날은 일반 열람실에서 다른 작업을 할 수밖에 없었다. 그 도서관은 노트북을 사용할 수 있는 좌석이 한 자리밖에 없어 다른 이용자가 먼저 이용할 경우 다른 사람은 이용할 수가 없었다. 그래서 도서관장에게 건의를 했더니 일주일 정도 지나 노트북 좌석 하나를 더 마련해 주었다. 또 비가 오는 날 도서관을 이용하다가 건물이 새는 곳을 발견하고 사서에게 알려주었더니 사서가 감사하다는 인사와 함께 담당자에게 곧 연락하여 조치하겠다고 말했다. 그런데 이러한 불편사항과 문제점은 도서관의 직원들이 하루에 한번 이상 주위를 자세히 둘러본다면 이용자가 말하기 전에 파악하고 조처할 수 있는 일이다.

도서관에서 하루에 한번 이상 살펴보아야 할 가장 중요한 장소는 자료실이다. 자료실의 상태는 도서관의 얼굴이다. 이용자가 많든 적든 도서관 직원들은 수시로 자료실을 둘러보고 문제점이 있는 부분을 발견하면 즉시 바로잡아 놓아야 한다. 넘어진 책, 잘못 꽂혀 있는 책, 바닥에 떨어진 책, 파손 오손된 책, 이용자가 자기만 보려고 감추어 놓은 책 등을 발견하면 즉시 바로잡아 놓아야 하고 스스로 할 수 없는 일이면 담당자에게 연락하여 조치하도록 해야 한다. 관장과 직원들은 하루에 한번이상 의무적으로 서가를 둘러보는 것이 바람직하다. 관장은 사서가 아닌 다른 모든 직원들에게도 하루에 한번 서가를 둘러보게 하는 것이 좋다. 이렇게 함으로서 서가

자료실의 문제 뿐 아니라 건물과 시설, 비품의 문제도 전반적으로 살펴 문제점을 개선해 나갈 수 있어 일상적 도서관 경영의 문제를 해결할 수 있고 미래의 계획에도 대비할 수 있게 된다.

34

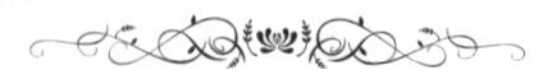

레퍼럴 봉사를 충실히 실천하라

레퍼럴(referral)이란 "000한테 물어보라고 말하기(directing to a source for information)"라는 뜻으로서 자관에 소장하고 있지 않은 자료를 이용 가능한 다른 도서관이나 기관 및 전문가를 알려주는 봉사이다. 자관에서 이용할 수 없는 정보 자료에 대하여 소장기관을 미리 알고 있거나 자원공유시스템이나 OPAC(Online Public Access Catalogue), 인터넷 검색을 통하여 알 수 있는 경우에는 정확한 소스를 알려줌으로서 이용자가 그곳에서 자료를 이용할 수 있게 하는 것이다. 우리 도서관에 없다는 이유로 "그 자료는 저희 도서관에 없는데요."라고 대화를 끝낸다면 이용자는 매우 실망스러워 할 것이다. 그러나 우리도서관에는 없지만 어디에 가면, 또는 누구에게 물어보면 틀림없이 있다는 정보를 준다면 이용자는 매우 고마워할 것이다. 이러한 레퍼럴 봉사를 책임 있게 수행하기 위해서는 다른 도서관, 연구소, 정부기관 등 정보자료를 소장하고 관리하는 도서관과 전문가들을 파악하고 유대관계를 유지하고 있어야 한다.

35

가상서고를 구축하라

가상서고란 인터넷 시대에 등장한 도서관의 또 다른 서고개념이다. 이는 도서관에 물리적으로 설치된 서고의 개념에 대하여 책이 아닌 인터넷사이트들을 검토하고 평가하여 그 사이트를 쉽게 접근해 들어갈 수 있는 창구를 개설하는 그야말로 온라인 가상서가이다. 현대는 디지털, 인터넷시대로서 우리들은 날마다 인터넷에 접속하지 않고는 살아갈 수 없게 되었다. 고객들은 도서관 소장 자료나 도서관이 데이터베이스기관과 계약하여 운영하고 있는 데이터베이스에서만 정보를 찾는 것이 아니라 다양한 분야의 인터넷사이트를 통해서 정보를 검색, 활용하고 있다. 오히려 요즘은 자료를 찾을 때 우선 인터넷부터 검색해 보고 다음 단계로 도서관을 찾는 경우가 허다하다. 도서관에 있는 정보라도 인터넷에서 먼저 소장여부를 검색, 확인한 다음 이용한다. 가상서고는 OPAC(online public access catalog)의 개념과는 다르다. OPAC은 소장 자료의 목록을 원거리에서도 검색 확인할 수 있는 기능인데 비하여 가상서고는 콘텐츠가 좋은 인터넷사이트를 주제분야별로 분류하여 도서관의 홈페이지에 배열하고 링크를 걸어 놓음으로써 고객들이 도서관 홈페이지를 통해서 적절한 사이트로 찾아갈 수 있게 하는 일종의 인터넷검색용 플랫폼이라 할 수 있다. 이는 '인터넷공공도서관(IPL : internet public library)'과 동일한 개념으로서 이제는 대학도서관, 공공도서관, 전문도서관, 학교도서관 등 모든 종류의 도서관에서 고객들을 위해 제공할 수 있는 신종 도서관 서비스로 등장하였다. 그러나 국내에서는 몇몇 대학도서관을 제외하고는 대부분의 도서관들이 이러한 서비스를 개설하지 않고 있다. 하지만 앞으로 모든 도서관에서 그들의 특성에 알맞은 가상서고를 구축하고 시의 적절히 갱신하면서 고객들에게 다가가는 인터넷 도서관 서비스를 실시할 필요가 있다.

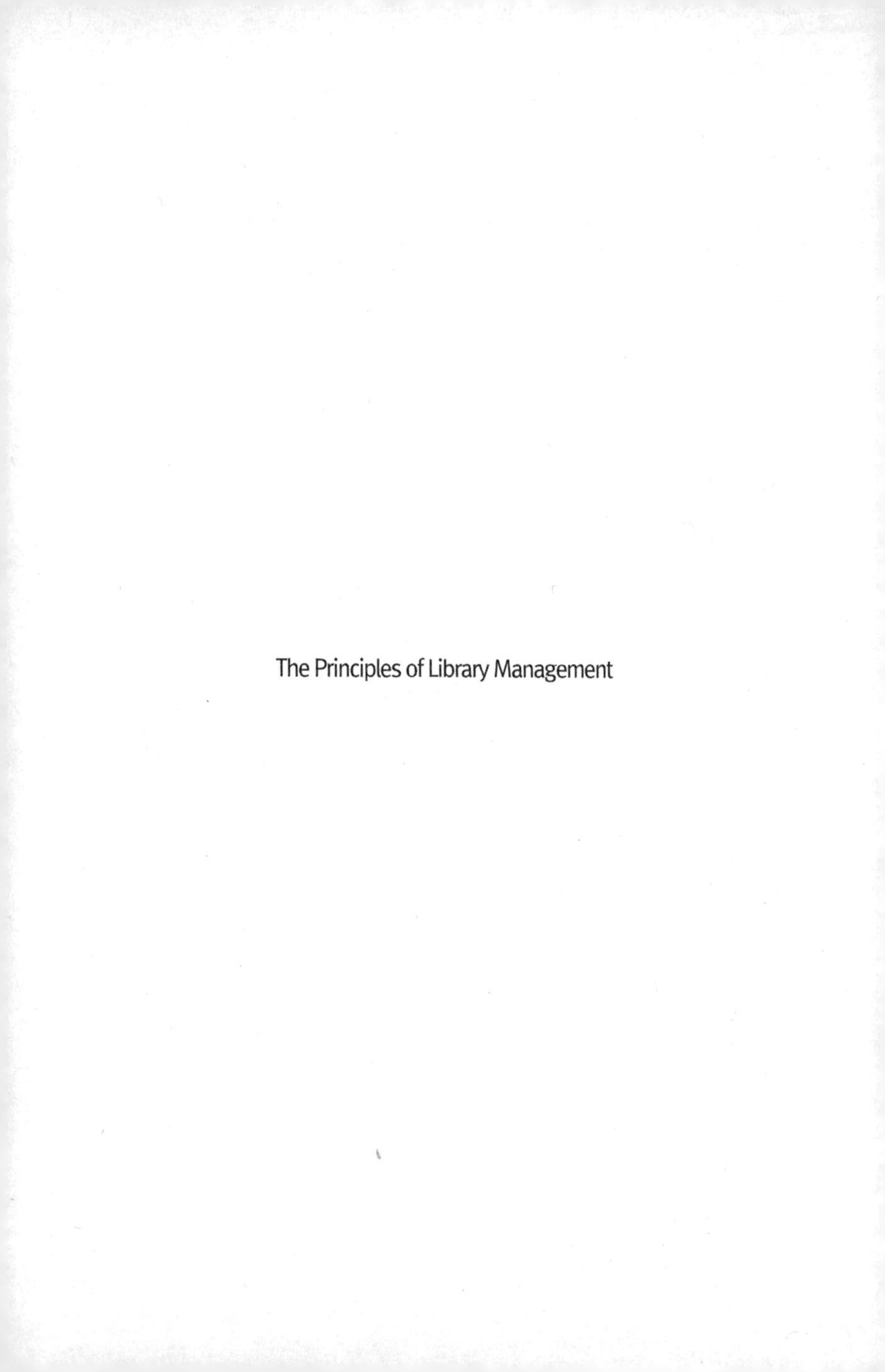

The Principles of Library Management

도서관 경영의 50가지 법칙
계획의 실행
DOING : 예산관리

36

예산계획에 브레인스토밍을 활용하라

도서관의 예산은 도서관의 각종 업무에 사용할 비용을 미리[豫] 산정[算]하는 연간 사업계획이다. 업무를 수행함에 있어 개인이나 조직이나 돈이 들어가지 않는 일은 거의 없다. 그러나 개인이건 조직이건 돈은 언제나 충분하지 않기 때문에 예산계획은 꼭 필요한 사업 우선순위에 따라 편성해야 한다. 도서관의 예산은 도서관의 기능과 목적을 달성하기 위한 합리적 경영계획의 바탕위에서 수립해야 한다.

합리적인 예산 편성을 위한 의사결정은 먼저 도서관 자체에서 이루어진다. 이때 품목별예산제도 아래서는 전년도 예산비목과 금액을 기준삼아 물가상승률 등을 반영하여 금액을 약간 상향조정 편성하는 것이 일반적인 관례처럼 되어 왔다. 그러나 이와 같은 예산편성 관행은 구성원들의 새로운 아이디어를 반영할 수 있는 기회를 차단하는 전례답습 행정의 전형적 행태라 할 수 있다. 우리는 예산제도를 공부하면서 품목별예산 이외에도 계획예산제도, 영기준예산제도, 성과주의예산제도 등 새로운 아이디어를 반영할 수 있는 이상적 예산제도가 있음을 교과서에서 배워왔다. 그리고 이들 예산제도들은 그 발상은 좋지만 현실적으로는 전적으로 채택할만한 예산제도가 못 된다는 점도 배워왔다.

그러나 필자는 우리가 품목별 예산제도를 채택하고 있다고 하더라도 영기준예산 등 다른 예산제도의 좋은 발상들을 적용할 수 있는 여지는 많이 있다고 본다. 이는 경영계획과 예산을 철저히 연계시키는 방법과 새로운 프로그램의 예산을 새로운 시각으로 구상함으로써 실천할 수 있다고 본다. 도서관장은 매월 1회 정도 전 직원이 참여하는 도서관의 경영계획 및 예산에 관한 난상토론회(브레인스토밍)를 개최하고 직원들의 아이디어를 수렴하여 경영계획과 예산을 연계하여 반영하는 것이 최선의 방법이 아닐까 생각한다. 예산을 계획할 때 매년 7월, 8월이 되어서야 상부기관의 요구에 의해 전례답습으로 예산안을 급조하는 것은 무사안일 행정의 전형이라 할 수 있다. 예산금액의 증가나 감소에 관계없이 참신한 사업 아이디어를 반영하는 것은 도서관 발전의 원동력이 된다.

37

예산 산출근거를 치밀하게 준비하라

예산을 편성할 때 모든 직원들은 자신의 업무분야에 대한 예산 금액의 산출 근거를 객관적으로 명확하게 제시해야 한다. 건축예산에는 건축설계비, 자재비, 공임 등에 대한 표준 가격을 적용하고, 물품 구입 예산은 최근의 물가정보와 시장조사에 기초하여 누가 보더라도 합당한 예산금액을 산출해야 한다. 예산은 미리 예측하여 계산하는 것이므로 대략 주먹구구식으로 산정해도 된다는 생각은 절대 금물이다. 예산 편성은 모든 직원들이 참여하는 작업이기 때문에 전 직원들에게 예산 편성에 대한 철저한 교육을 통해서 해당 분야에서 최선의 합리적 예산산출 근거를 제시할 수 있도록 유도하여야 한다.

직원들이 작성한 예산 산출 근거는 직원회의에서 브리핑하여 객관적으로 검토하는 절차를 거쳐야 한다. 직원회의나 브레인스토밍을 통해서 예산안을 검토하는 것이 바람직하다. 경영계획상 불필요한 사항이 전례에 따라 편성된다든지 중요한 계획사업들이 담당자의 교체 등으로 누락되는 경우가 발생할 수 있기 때문에 예산의 치밀한 검토를 위해서는 집단 토의 및 집단의사결정과정을 필수적으로 거쳐야 한다.

38

전 직원에게 예산개념을 심어주라

모든 조직의 구성원은 누구나 예산을 사용한다. 그러면서도 예산의 개념이 별로 없는 직원들이 많이 있다. 공공기관의 예산은 일단 자기 돈이 아니라고 생각해서일까? 예산을 검토해 보지도 않고 출장을 가겠다고 신청한다든지, 우선 급한 대로 물품을 가져다가 쓰고 보니 나중에 예산이 부족하여 편법을 동원하는 일은 현장에서 흔히 볼 수 있는 일이다. 도서관 직원들은 다른 공공조직의 직원들에 비하여 예산에 대한 개념이 충분하지 못한 것 같다.

사서들은 예산 집행에 따른 행정이나 회계처리업무를 어려워한다. 서류 처리에 앞뒤가 맞지 않아 회계담당자로부터 지적을 받고도 동일한 실수를 반복한다. 사서들은 경영학에서 말하는 재무관리와 예산회계에 관한 기초가 형성되어 있지 못하다. 부기에서의 자산, 부채, 자본 그리고 차변과 대변 같은 기본 용어도 잘 이해하지 못하는 경우가 많으며 알려고 하지도 않는다. 사서는 도서관 전문직이기 때문에 행정이나 회계는 그들의 영역이 아니며, 회계담당자가 알아서 할 일이라고 치부하여 버리는 것이 우리 도서관의 현실 인식인 것 같다.

그러나 사서들이 도서관 행정과 회계를 모른다면, 그래서 도서관 행정과 회계를 잘 파악할 능력이 없다면 그러한 사서는 도서관 경영자가 되기 어렵다. 또 그러한 사서가 도서관장이 된다고 해도 예산개념이나 재무행정에 대하여 밝지 못하다면 전체적인 시각에서 도서관의 경영을 제대로 돌파해 나가기 어려울 것이다. 경영은 어떤 의미에서는 자금을 조달하고 관리하는 능력이다. 기업이건 대학이건 경영에 성공한 경영자로 거론되는 사람들은 예산과 자금의 조달능력이 출중한 사람들이다. 이러한 의미에서 사서들은 재무회계의 기본과 행정업무를 알아야 한다.

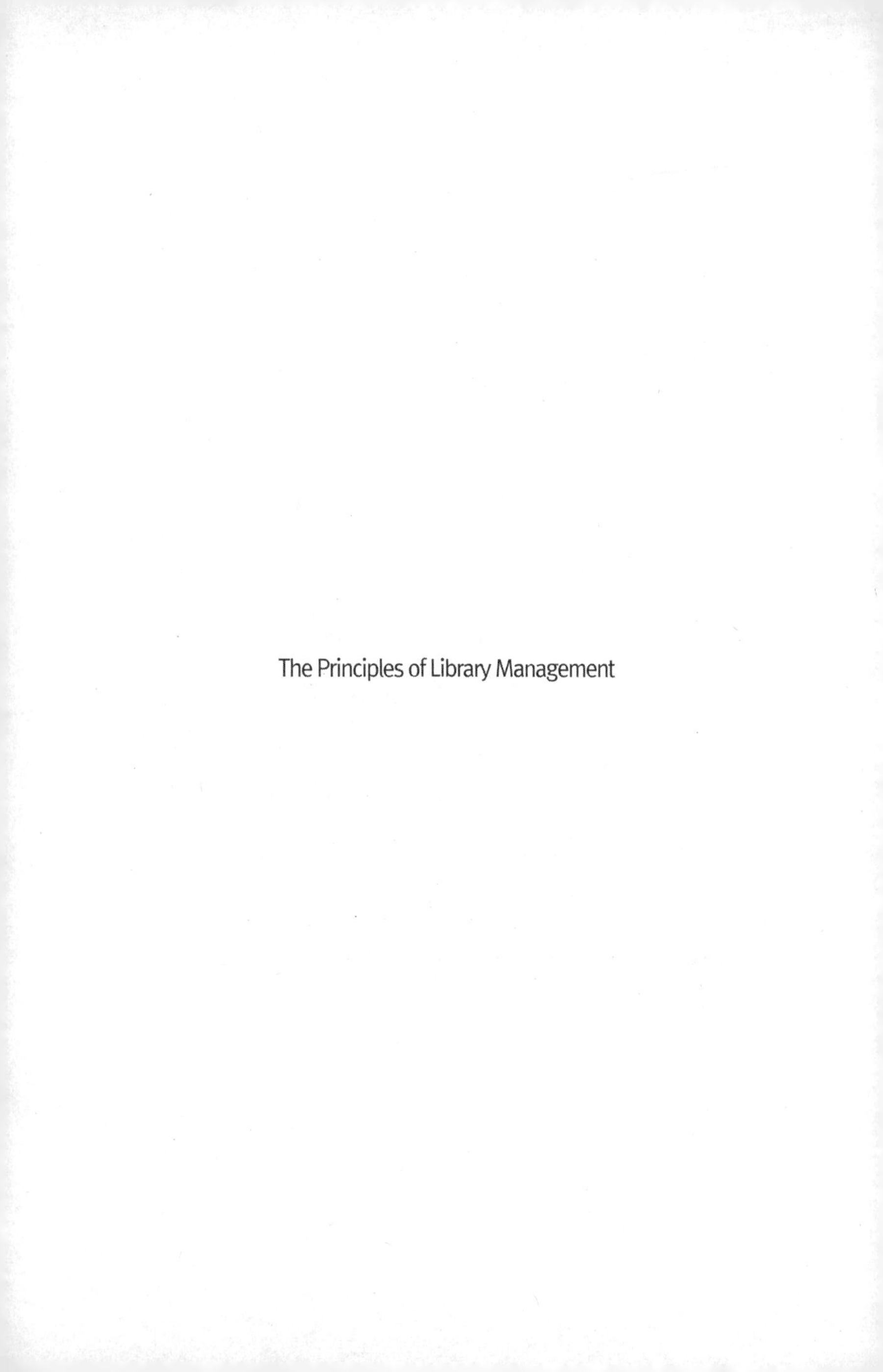

The Principles of Library Management

도서관 경영의 50가지 법칙
계획의 실행
DOING : 서비스 관리

39

고객 환경을 최적화하라

도서관은 고객이 들어와서 책과 정보를 이용하는 장소이다. 도서관은 아무리 디지털도서관이라 하더라고 고객들이 이용하는 물리적 공간이 필요하다. 고객은 살아 있는 생명체이기 때문에 어딜 가든 먹고, 쉬고, 배설하는 공간을 필요로 한다. 식수, 간식, 끼니를 해결해야 하고, 화장실과 휴게실도 자주 사용해야 한다. 자료를 이용하는 공간은 적절한 조명이 유지되어야 하며 책상과 의자 등은 장시간 앉아 이용하기에 불편함이 적어야 한다. 여러 사람이 이용하는 자료실과 열람실은 여성들의 하이힐 소리를 방지하는 바닥 시설이 필요하다.

그러나 문제는 많은 도서관에서 이러한 고객 환경이 그다지 편리하지 않고 쾌적하지 못하여 고객들에게 불편을 준다는 사실이다. 필자의 경험에 의하면 어떤 도서관의 경우 식수대에는 종이컵의 보충이 늦고, 식수대 주변은 잘 관리되지 않아 물이 넘쳐 지저분했다. 간식이나 점심을 먹을 수 있는 휴게실이 부족하며, 있어도 어둡고, 춥고, 덥고, 냄새나고, 시끄러웠다. 식당은 없는 곳이 많고, 있어도 음식이 부실하며, 음식 냄새는 멀리까지 퍼져 나갔다. 매점에는 라면이나 과자 음료수 종류는 있어도 학용품이 없는 곳이 많이 있었다. 현관은 어두침침하고 고객 출입구에는 서비스개념이 부족한 경비원이 안내 및 회원증 발급업무를 하고 있었지만 수시로 자리를 비웠다. 자료실에서는 여성들의 구두소리가 똑 똑 가끔 귀에 거슬렸으며 도서관 간부직원은 고객이 이용하는 장소에서 큰 소리로 떠들며 업무지시를 하고 있었다.

도서관을 오성호텔처럼 관리할 수는 없을 것이다. 그러나 도서관이 이용자를 고객으로 생각한다면 직원들의 환경보다 고객들의 환경을 더 배려해야 마땅하다. 대부분의 도서관은 관장실과 사무실 환경이 고객 환경보다 편리하고 쾌적하게 되어 있다. 그러나 사무실 밖 고객 환경은 훨씬 불편하고 열악하다. 도서관이 고객의 사랑을 받으려면 건물의 입구에서부터 내부 구석구석에 이르기까지 고객을 배려하는 쾌적한 환경을 조성해야 한다.

40

고객 규제를 최소화하라

도서관에는 아직도 관공서 분위기가 존재한다. 공식조직이므로 상하 간 위계질서 유지를 위해 어느 정도의 공식적 분위기는 필수적이지만 이는 내부 직원에게만 해당되는 이야기다. 외부 고객에게는 공식적이고 딱딱한 지시적 분위기 대신 인간적이고 협조적인 분위기를 느끼게 해야 한다.

회원자격제한, 불필요한 서류 제출, 이용시간과 절차에 대한 규제는 최소화해야 한다. 회원자격은 그 지역사회의 행정단위에 거주하는 주민, 대학의 경우에는 해당 대학의 구성원에 국한하는 경우가 대부분이다. 그러나 최대의 고객서비스를 위해서는 고객의 회원자격에 지역제한을 두지 않는 것이 좋다. 회원증을 발급할 때 주민등록등본 제출을 요구하는 도서관이 있는데 이 경우 서류를 징구하기보다는 확인될만한 신분증으로 갈음하는 것이 고객의 불편을 덜어주는 방법이다.

대부분의 도서관은 대출 시 반납기간이 짧고, 1회 대출 책 수도 너무 적다. 대출기간은 1주에서 2주, 대출 책 수는 1인당 3권 정도가 보통인데 이는 고객의 이용시간을 통제하여 기간 내 읽도록 독촉하는 효과는 있을 수 있지만 독자로서는 '어' 하다보면 1주일, 2주일은 금방 지나간다. 따라서 다 읽지도 못하고 반납하는 경우가 허다하며, 며칠이라도 연체되는 경우에는 반납하고 바로 대출받을 수도 없어 불편하다. 지연 반납에 대한 벌칙도 지나친 경우가 많아 고객의 기분을 언짢게 한다.

고객의 입장에서 보면 아직 도서관은 너무 인색하다. 도서관은 정보서비스가 목적이지 고객 규제가 목적은 아니다. 도서관은 공중 질서 유지에 필요한 최소한의 규제만 하는 것이 바람직하다. 보안 유지를 위해서는 24시간 무인 CCTV를 설치하여 두는 것이 바람직하고 이 경우 CCTV 설치 사실을 공개해야 한다. 도서관은 다른 고객에게 방해가 되지 않는 한 고객을 제제하지 말아야 한다.

41

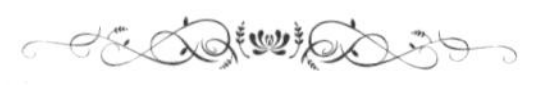

서비스 접점 '점심시간' 표지를 없애라

안내데스크는 도서관의 얼굴이다. 안내데스크는 고객을 맞이하는 '진실의 순간(moment of truth)'이 실천되는 현장이다. 고객들은 점심시간을 이용하여 도서관에 오기도 한다. 그런데 데스크에 사서가 없고 '점심시간' 표지만 덜렁 내걸려 있으면 고객은 실망한다. 고객들은 도서관엔 언제나 사서가 있기를 기대하고, 책임 있는 사서로부터 안내받기를 원한다. 그런데 그 자리에 아무도 없다면 도서관에 대하여 어떻게 생각하겠는가?

그래서 사서들은 도서관 근무시간 중에는 절대로 안내데스크를 비워서는 안 된다. 사서도 사람인 이상 개인적인 볼일로 자리를 비워야 할 사정이 있을 수 있다. 그럴 경우에는 동료 사서에게 부탁하고 자리를 떠야 한다. 안내데스크에는 언제나 사서가 1명 이상 있어야 한다. 교대근무는 사서들 간에만 하고 다른 임시인력과 교대근무를 해서는 곤란하다. 어떤 경우라도 안내데스크에는 책임 있는 사서가 1명은 있어야 한다. 안내데스크에 자원봉사자나 아르바이트생 등 임시인력만 홀로 남겨두어서는 곤란하다. 고객들은 그들이 사서인줄 알고 사서가 전문성이 없다고 생각한다. 잠시라도 도서관에 서비스 공백이 있어서는 안 된다.

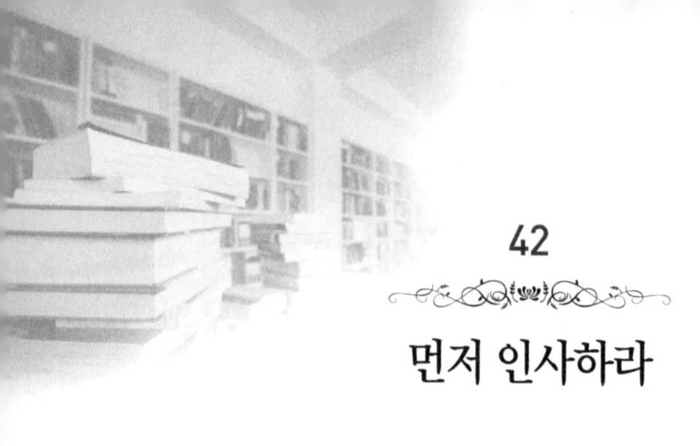

42

먼저 인사하라

우리 한국인들은 대체로 낯선 사람들과의 인사에 매우 인색하다. 늙으나 젊으나 낯선 사람들에게는 말 붙이기를 꺼려한다. 낯선 사람이 다가와서 말을 붙이는 것은 어색하고 두렵기까지 하다. 같은 아파트 엘리베이터에서도 잘 모르는 사람을 만나면 외면하고 침묵하는 게 보통이다. 말을 붙이는 것이 실례되는 것처럼 느껴지기도 한다.

그러나 인간관계란 문자 그대로 사람들 사이의 의존 관계이기에 사람을 피하면 인간관계가 성립되지 않는다. 사람은 사람을 대할 때 '인간(人間)'이 된다. 사람들을 도와주고 사람들로부터 도움을 받으며 살아가는 사회가 인간사회다. 도서관 역시 인간사회이기는 마찬가지다. 도서관에서의 인간관계는 직원들 간의 인간관계와 직원들과 고객들, 고객들과 고객들과의 인간관계가 있다. 어떤 인간관계든 인사는 필수적이다. 인사를 기점으로 인간관계가 시작되기 때문이다.

직원들은 아침 출근 때부터 먼저 보는 사람이 반가운 인사를 건네야 한다. "관장님 안녕하세요?", "000씨, 좋은 아침." 등으로 한마디 미소 띤 인사를 나누는 것은 그 직원과 그날의 상쾌한 출발을 약속하는 것이다. 직원이나 관장이나 거리가 멀다는 핑계로 못 본 척하고 슬쩍 자리에 앉아 바쁜 척하며 컴퓨터부터 켠다면 그날의 분위기는 한참동안 어색할 것이다.

도서관에 오는 고객들에게는 직원들이 먼저 다가가 반갑게 인사해야 한다. 직원들이 고객보다 높은 자리에 있다고 생각하고 먼저 인사를 받으려 하면 결례다. 직원들은 공복(civil service)이고 고객들은 손님(customer)이다. 직원들이 주인이 아니라 고객들이 주인이다. 직원들은 고객이 있기 때문에 도서관이라는 직장이 있다. 따라서 고객을 은인으로 대해야 한다. 직원들은 고객의 연령에 관계없이 먼저 적절한 인사를 건네야 한다. 어린이에게든 노인에게든 진심에서 우러나는 친절을 먼저 표현해야 한다.

43

책을 많이 읽고 북토크를 실행하라

사서들은 일반적으로 독서를 잘 하지 않는 것으로 알려져 있다. 책은 많이 만지면서 책을 읽지는 않는다는 이야기다. 이는 자료정리 및 열람제공 등 도서관 업무를 하느라 시간이 없어 그렇다고 생각되지만, 그러나 무슨 일에 종사하든 시간이 없어 책을 읽지 못한다는 것은 하나의 변명에 불과하다. 더구나 도서관은 책을 항상 가까이 할 수 있는 공간이기 때문에 마음만 먹으면 책을 읽을 수 있는 기회는 상대적으로 많이 있다.

사서들이 독서를 해야 하는 가장 중요한 이유는 고객들에게 책을 안내해야 하기 때문이다. 특히 주제전문사서의 필요성이 강조되고 있는 오늘날 사서가 고객들에게 관심분야의 책하나 변변히 소개하지 못한다는 것은 어불성설이다. 문헌정보학 이외의 분야에서 적어도 한 가지 주제 분야에 대해서는 지속적인 관심을 가지고 자료들을 살펴보고, 읽어보고, 서평을 써보고 해서 적절한 계층의 독자들에게 북토크를 해 주는 것이 사서의 위상과 도서관의 위상을 높이는 길이다. 책을 수없이 만지기만 하면 무엇 하겠는가. 책을 많이 만지되 관심이 가는 책을 읽어보고 고객들에게 소상하게 알려주는 일은 사서들의 중요한 의무이다. 어떤 이는 "책을 하도 많이 만져서 책이 지긋지긋하다."고 말한다. 혹시 정말 그러한 생각을 하는 사서가 있다면 그런 사람은 도서관 직원으로서 적성이 맞지 않는 사람이라고 보아야 할 것이다. 사서(司書)는 문자 그대로 책[書]을 판단하는[司] 사람이다. 책을 잘 판단하려면 책을 읽지 않으면 안 된다.

44

프로그램을 계층 및 주제별로 안배하라

도서관의 평생교육프로그램 서비스는 분야별 대상별로 체계화되어야 한다. 그러나 우리의 도서관들의 평생교육프로그램은 주제 및 계층별로 안배되지 못하고 1회성 특강이나 이벤트 형식으로 운영되는 경우가 많은 것 같다. 평생교육법 제2조(정의)는 평생교육을 학력보완교육, 성인기초 · 문자해득교육, 직업능력 향상교육, 인문교양교육, 문화예술교육, 시민참여교육 등 6개 분야로 정의하고 있다. 이에 따라 평생교육진흥원은 평생교육 프로그램 분류체계를 다음과 같이 6개 대분류, 18개 중분류, 78개 소분류로 체계화하여 제시하였다.

〈평생교육 프로그램 분류체계〉

대분류	중분류	프로그램(예시)
01 기초 문해 교육	11 문자해독 프로그램	한글교실(초급), 한글교실(중급), 미 인정 한글강좌
	12 기초 생활기술 프로그램	다문화 교육, 가족 문해 교실, 한글교실(고급), 한글 응용 교육
	13 문해 학습계좌프로그램	초등학교 학력 인정과정, 학습계좌 신청 문해강좌. 귀화인 한국어 교육
02 학력 보완 프로 그램	21 초등학력 보완 프로그램	중입 검정고시 강좌. 초등학력 인증 강좌 초등교과 연계 강좌. 과학교실
	22 중등학력 보완 프로그램	고입 검정고시 강좌. 대입 검정고시 강좌 중고생 교과 연계 강좌. 진로강좌
	23 고등학력 보완 프로그램	독학사 강좌, 학점은행제 강좌, 시간제 등록 강좌, 대학 비학점 강좌
03 직업 능력 교육	31 직업준비 프로그램	인력양성과정, 창업관련 과정, 취업준비과정, 재취업 정보교육
	32 자격인증 프로그램	외국어 자격인증, 지도사 양성과정, 자격증 취득과정, 자격인승과정, 토익, 토플강좌
	33 현직 직무역량 프로그램	공통 직무연수, 전문 직무연수, 평생교육사 연수

대분류	중분류	프로그램(예시)
04 문화 예술 교육	41 레저생활스포츠프로그램	레저활동 강좌, 생활스포츠 강좌, 스포츠예술활동, 수영 골프강좌, 벨리댄스교실, 활쏘기
	42 생활 문화예술 프로그램	풍선아트 강좌, 사진예술 강좌, 천연염색 강좌, 생활공예 장좌, 노래교실
	43 문화예술 향상프로그램	음악 무용, 미술 서예지도, 문화예술 관람, 도자기 공예, 연극 영화
05 인문 교양 교육	51 건강 심성 프로그램	상담 치료, 종교교육, 식생활 교육, 생활의료 교육, 보건교육
	52 기능적 소양 프로그램	역할수행 교육, 예절교육, 정보 인터넷 활용, 생활외국어, 생활한자, 가정생활
	53 인문학적 교양 프로그램	일반 문학 강좌, 과학 일반 강좌, 역사 전통 강좌, 철학 행복학 강좌, 독서 강좌
06 시민 참여 교육	61 시민 책무성 프로그램	인권교육, 양성평등 교육, 다문화 이해, 환경 생태 체험형 강좌, 주민자치교육
	62 시민리더 역량 프로그램	지역 리더 양성, 평생학습리더 양성, NPO지도자 과정, 지역문화 해설사
	63 시민참여 활동 프로그램	학습동아리 교육, 평생교육 자원봉사, 환경 실천교육, 평생학습네트워크
6개 대분류	18 개 중분류	78개 소분류

(자료 : 김진화 외. 2009. 『평생교육 프로그램 분류체계 연구』. 평생교육진흥원)

모든 평생교육기관이 위의 평생교육프로그램 분류체계를 적용한다면 전체적으로 균형 있는 프로그램을 운영할 수 있을 것이다. 또한 위의 분류체계에서 연령이나 능력수준별로 프로그램 참여대상을 구분하여 실제 프로그램을 운영한다면 참여자들에게 실질적인 도움을 줄 수 있을 것이다.

45

프로그램에 전문가를 활용하라

도서관은 독서활동을 기반으로 평생교육이 원활하게 이루어질 수 있도록 지원하는 사회적 기반시설이다. 따라서 도서관들은 다양한 프로그램들을 기획하여 고객에게 제공할 의무가 있다. 공공도서관, 대학도서관, 학교도서관, 전문도서관 등 모든 종류의 도서관들은 책의 대출 반납 이외에도 그들의 목적에 알맞은 프로그램을 개발하여 운영해야 한다.

그러나 우리나라 도서관 현실은 도서관의 종류에 따라 프로그램 서비스가 천차만별이다. 대학도서관은 대학의 부속기관이라 그런지 고객을 위한 프로그램이 매우 적은 편이다. 대학은 또 부설기관으로 평생교육원을 두는 곳이 많은데, 이 역시 도서관과는 별개로 운영된다. 필자는 대학에서 시행하는 평생교육은 대학도서관이 중심이 되어야 한다고 생각한다. 대학도서관은 각 학과에서 시행하는 교육과정을 지원할 뿐 아니라 학과 이외에서 이루어지는 각종 특강이나 평생교육은 평생교육원과 통합하여 도서관을 중심으로 시행하는 것이 바람직하다고 본다.

프로그램을 가장 많이 하는 도서관은 공공도서관이다. 공공도서관은 교사가 학생을 가르치는 교육기관이라기보다는 고객이 자발적으로 학습하는 것을 도와주는 평생교육기관이므로 다양한 프로그램을 기획하여 운영한다. 특히 어린이도서관은 도서관에 따라 수많은 프로그램들을 시행하는 것을 볼 수 있다. 바람직한 현상이라 생각된다.

그런데 도서관의 모든 프로그램은 해당 주제에 해박한 지식을 가진 전문가를 활용해야 한다. 역사프로그램이라면 역사전공자, 음악프로그램이면 음악전공자, 어문학프로그램에는 문학 작가 또는 어문학전공자를 초빙하여 운영해야만 프로그램 시행효과를 극대화할 수 있다. 예산부족이나 강사수급 사정 등을 이유로 도서관 직원이나 자원봉사자에게 프로그램 운영을 맡기는 것은 프로그램의 질적 수준을 보장하기 어렵다. 물론 자원봉사자나 사서 가운데서도 어떤 분야의 전문가가 있을 수 있다. 교수경력이 있는 사람, 저서 및 연구 실적이 있는 사람, 박사학위가 있는 사람이라면 역시 전문가들이므로 도서관프로그램에 적극 활용할 수 있다.

46

도서관을 적극적으로 마케팅 하라

도서관은 조용한 곳이다. 도서관 직원들은 조용한 사람들이다. 도서관은 정치와는 별 상관이 없다. 도서관은 기업이나 상업과는 더욱 거리가 멀다. 따라서 도서관은 선전이나 홍보, 마케팅이 필요가 없을 것처럼 느껴진다. 그러나 이는 큰 착각이다. 조용한 곳일수록 홍보와 마케팅이 필요하다. 세상에는 의외로 도서관을 모르는 사람들이 많다. 도서관을 단순한 독서실로 여기는 시민들이 아직도 부지기수다. 어떤 분들은 도서관을 지척에 두고도 도서관을 이용할 줄 모른다. 잠재고객은 도서관을 잘 모르기 때문에 도서관이 마케팅에 나서지 않는다면 아마 그런 분들은 평생 도서관의 잠재고객으로 남을 지도 모른다.

도서관의 마케팅 가운데서 가장 핵심적인 것은 서비스 마케팅이다. 따라서 마케팅에 나서기 전에 시민을 위한 실질적이고 참신한 서비스를 개발해야 한다. 도서관에서 민원서류를 발급하는 시스템을 도입한다면, 도서관에서 은행 자동화기기를 사용할 수 있다면, 도서관에서 기획안이나 보고서를 작성할 수 있는 사무실 환경을 제공한다면, 도서관에서 작품을 쓸 수 있는 환경을 제공한다면 시민들은 도서관에 오지 말라고 해도 오게 될 것이다. 도서관을 마케팅하려면 도서관은 새롭고도 과감한 서비스 아이템을 계속 개발하고 시민들의 희망과 요구를 반영하여 지속적으로 개선해 나가야 한다. 그런 다음 도서관이 학생들의 공부방 역할과 자료의 대출 반납 이외에 무슨 프로그램을 어떻게 서비스하는지 신문, 방송, 인터넷, 블로그, 홍보자료 등 여러 마케팅 채널을 통하여 생생하게 보여주어야 한다.

도서관 경영의 50가지 법칙
경영평가 SEEING

47

경영평가를 실시하라

경영은 계획, 실행, 평가의 선순환 사이클로 구성되므로 평가는 경영 사이클의 마지막 단계이다. 따라서 평가 결과의 피드백을 통해 다시 새로운 경영 사이클이 시작되기 때문에 평가는 경영개선을 위해 가장 필요하고도 중요한 준비과정이라 하겠다. "평가 없이 진전 없다(without measure, no progress)"라는 말이 있듯이 개인이건 조직이건 평가의 과정이 없으면 발전의 포인트를 발견하지 못한다. 평가는 제품과 서비스를 지속적으로 개선하는 보다 나은 경영을 위한 실천 수단이라 할 수 있다. 도서관 경영평가 역시 도서관의 서비스를 지속적으로 개선함으로서 지역사회에서 도서관의 사명과 목적을 달성하기 위한 중요한 실천 수단인 것이다.

경영평가는 자체평가와 외부평가로 구분할 수 있다. 자체평가는 개별 도서관 자체적으로 경영계획을 수립, 실행하고 그 결과를 평가함으로서 여러 가지 경영요소 중에서 우선 개선의 요인을 찾아내어 신속히 개선하려는 데 목적을 둔다. 경영평가는 자체평가가 매우 중요하다. 자체평가는 도서관의 업무를 자발적, 실질적으로 개선하기 위하여 자체적으로 평가기준을 마련하고 평가를 수행하기 때문에 업무개선과 고객만족에 실질적인 도움을 줄 수 있다. 자체평가에서 주의할 점은 체계적인 도서관 경영과 내부 · 외부 고객의 만족을 목표로 치밀하고 과학적인 평가를 실시해야 한다는 것이다. 자체평가의 분야로는 리더십, 정책 전략, 고객관리, 직원 관리, 자원관리, 경영과정, 고객만족, 직원 만족, 사회적 영향, 전체성과 등이 있다.

외부평가는 정부나 지방자치단체, 모기관 등이 여러 대상 도서관에 대하여 평가기준을 미리 제시해 놓고 일정 기간마다 평가를 실시하여 평가결과를 발표하고 우수한 평가를 받은 도서관을 시상함으로써 도서관간의 경쟁력을 높여주고 국가 전체 도서관들의 수준을 향상시키는 데 목적을 두고 있다. 도서관은 자체평가를 솔선해서 실시함으로써 실질적인 경영

개선을 도모하고, 외부평가에도 적극 대비하고 참여함으로써 도서관의 대외적 신인도를 높일 필요가 있다.

48

고객만족도를 평가하고 우선 개선 순위를 파악, 개선하라

도서관에 대한 고객만족의 정도는 도서관의 효과성과 직결된다. 도서관을 경영하는 궁극적 목적은 고객의 요구를 충족시키는 데 있다. 아무리 건물과 설비가 출중하고 장서와 프로그램이 많다고 하더라도 고객들이 도서관에 대하여 만족하지 못한다면 그 도서관의 효과성은 높다고 말하기 어렵다. 물론 도서관의 효과성이 고객만족도에만 달려 있다고 단정할 수는 없을 것이다. 그러나 도서관에 대한 수량적 평가지표들은 도서관의 우수성에 대한 기본적 척도는 될 수 있어도 그것이 곧 도서관의 사회적 효과를 나타내는 직접적인 가늠자라고 볼 수는 없다. 도서관 경영은 인(人), 물(物), 금(金)의 자원들을 체계적으로 구축하고 그러한 자원들을 고객들에게 효율적으로 연결시키는 활동을 전개하는 것이며, 도서관의 효과는 곧 도서관 활동에 대하여 고객들이 느끼는 만족의 정도라고 할 수 있다.

고객만족도의 평가를 위해서는 객관적인 만족도 측정 도구를 개발하여 활용해야 한다. 고객만족도의 측정기법으로는 경영학의 마케팅 분야에서 서비스의 질 측정을 위해 개발된 SERVQUAL(Service Quality)척도가 있다. 이 척도는 고객의 기대와 실제 만족간의 격차를 서비스 질로 정의하고 고객의 기대와 고객의 실제 만족(느낌)간의 격차가 큰 서비스 요소들을 찾아내어 우선적으로 개선해 나감으로서 고객만족을 달성할 수 있는 방법론을 제시하고 있다. 도서관에서 이 방법을 적용하기 위해서는 개별도서관에서 그 도서관의 속성을 반영한 도서관 서비스품질척도(LIBQUAL: Library Quality)를 개발하여 활용하는 것이 바람직하다. 도서관은 LIBQUAL 측정을 위한 설문지를 고객들이 드나드는 도서관 출입구 및 자료실에 비치하여 두고 분기 1회 정도 설문지를 종합하여 고객만족도를 평가하여 업무개선에 반영함으로써 지속적으로 도서관서비스의 요소요소를 개선해 나갈 수 있다.

49

경영분석보고서를 작성하고 공개하라

경영분석보고서(Annual report)는 도서관 경영에 대한 대내외적 공식기록이다. 도서관에서 발생했던 일들을 연도별로 정확하게 파악하고 개선해 나가기 위해서는 경영분석보고서를 세심하게 작성해야 한다. 경영분석보고서는 경영관리의 중요한 도구이기 때문에 도서관장은 보고서 작성책임을 각 부서에 분담시켜 충분한 실제 데이터에 근거하여 논리적인 보고서를 작성하도록 해야 한다.

보고서의 준비는 연중 지속되는 업무이다. 수서, 대출, 평생교육 프로그램 및 이용자 통계는 매일, 주간, 월간으로 계속 수집해 놓아야 한다. 이렇게 수집한 자료들은 각 부서에서 보존하고 관리책임자에게도 파일을 제출하여 보고서를 작성할 때 누락되지 않도록 해야 한다. 모든 직원들은 자신이 생산한 모든 공식자료 파일을 유지해야 한다. 업무 수첩도 좋은 기록 자료가 될 수 있다. 그러한 파일들은 역사자료가 되고, 미래 프로그램 개발을 위한 아이디어의 원천이 되며, 보고서 작성에 유용한 자료가 된다. 공식적으로 발행된 자료와 함께 특수 사례 및 프로그램 시행에 관한 간략한 보고서도 유용하다. 도서관 활동에 대한 보도 자료와 신문기사, 사진자료는 특히 중요하다. 사진은 문자로 기록할 수 없는 참석자들의 이모저모, 무대장치, 프로그램의 세부 장면 등을 담고 있는 중요한 자료이다.

연중 계속하여 많은 자료를 수집한다하더라도 보고서 작성 시기가 되면 추가 정보를 수집하여야 한다. 퇴직, 사직, 신입 직원 채용과 같은 인력자원의 변화, 시설의 확장이나 리모델링, 공간 배치 변동, 자료의 증감, 프로그램의 증감, 고객만족도 조사 평가에 관한 기록 등을 다시 점검하고 수집해야 한다.

보고서는 팀을 구성하여 작성하는 것이 바람직하다. 보고서의 여러 부문을 각기 다른 직원들이 분담 · 작성하고, 초안을 윤독, 가감한 다음 최종보고서를 확정하는 것이 좋다. 각 부서의 연간 실적을 여러 직원들이 참여하여 작성함으로써 한사람이 단독으로 작성하는 것보다 더 충실하고 균형 있는 보고서를 만들 수 있다. 보고서의 골격은 대체로 통계와 사실 자료로 구성되며, 도서관의 성과를 충분히 나타낼 수 있는 구체적인 정보를 담아야 한다. 작성자는 구성원 누구든지 추가 정보에 대한 제안을 할 수 있게 하고, 그들의 제안을 가급적 반영하는 것이 좋다. 모든 직원들에게 보고서에 대한 수정 및 개선의견을 구하는 것이 좋다. 직원들이 참여하여 만든 보고서는 단순 지엽적으로 만든 보고서와는 현저한 차이가 날 것이다.

경영실적보고서는 도서관의 역사이다. 따라서 실적 자료들을 의미 있게 배치하고 활용해야 한다. 사실과 통계수치들을 수집, 분석하고 정보의 의미를 규정하며 사실데이터를 적절하게 조직함으로써 읽는 이가 내용을 쉽게 이해할 수 있도록 해야 한다. 통계자료와 함께 비공식 정보, 서비스를 돋보이게 하는 사례와 통계의 의미를 분명하게 하는 일화들을 포함하면 사람들의 공감을 얻는데 유리하다. 사례는 간결하면서도 초점이 분명하게 드러날 수 있도록 표현해야 한다. 좋은 사례들은 예산배정기관에 긍정적 인상을 심어줄 수 있다.

도서관의 경영실적보고서는 도서관 내부는 물론 지역사회의 해당기관 단체와 이용자에게 공개해야 한다. 도서관의 성과를 유관기관 및 단체는 물론 일반 시민들이 파악할 수 있게 하는 것은 도서관의 사회적 역할과 위상을 높이는 지름길이다. 도서관장 및 홍보담당 직원은 보도 자료를 작성하여 도서관의 경영실적보고서를 도서관과 유대가 있는 언론사 및 기관단체와 일반시민에게 널리 배포해야 한다. 지역의 작은 단체로부터 공공기관, 유치원, 초·중·고등학교와 대학, 종교단체, 학부모단체들에게 도서관의 경영실적분석보고서를 제공함으로써 그들을 도서관의 고객으로 끌어들일 수 있는 계기를 마련할 수 있다. 도서관의 경영분석보고서는 도서관 서비스의 홍보뿐 아니라 서비스의 개선 발전을 위한 지역사회의 지원과 협조를 확보하는 수단으로 활용할 수 있는 것이다.

50

평가 결과는 다음 계획에 반드시 반영하라

모든 기관 단체는 해마다 다음 년도 업무계획을 수립한다. 종합적인 연간 업무계획 및 중장기 경영계획의 바탕위에서 당해 연도 예산과 자금계획이 수립된다. 모든 도서관은 계획을 수립함에 있어 전년도 및 그 이전의 경영평가 결과를 반드시 반영해야 한다. 이는 경영 사이클을 선순환(善循環)의 사이클로 만드는 유일하고도 중요한 과정이다. 이러한 피드백과정은 경영을 경영이라고 부를 수 있게 하는 연결 고리이다. 모든 업무부문에 대한 잘한 점, 못한 점을 전부 다 경영 사이클이라는 도마 위에 올려놓고 다듬어서 다음 해의 도서관 서비스의 질적 향상을 도모해야 한다. 모든 도서관은 인(人) 물(物)

금(金)이라는 경영자원을 최적화하고 고객이 만족할 수 있는 도서관으로 그 사회적 역할과 책임을 다할 수 있도록 날마다, 달마다, 해마다 거듭 태어나야 한다.

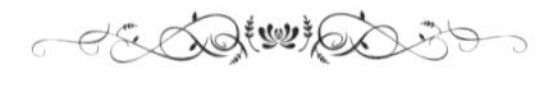

맺는 말

지금까지 도서관 경영에 필요한 이론과 실제의 문제들을 필자의 경험을 곁들여 논의하였다. 여기에는 극히 상식적이고 당연한 것들이 포함되어 있지만 우리나라 도서관에서는 아직 잘 실행하지 못하고 있는 문제들이 많다. "아는 것과 행하는 것 사이에는 차이(knowing-doing gap)"가 있게 마련이다. 그러나 아는 것을 충실히 실천하는 것이야말로 성공적 경영의 지름길이라고 생각한다. 나아가 고객들에게 신선하게 다가갈 수 있는 창의적인 프로그램들을 지속적으로 개발하고 실현해 나가는 것은 도서관이 사회적 역할을 다하는 포인트라 할 수 있다. 얼마 전 국내 한 대학도서관에서 '사람 책'을 대출하는 이색적인 이벤트가 열려 화제를 모았다. 사람이 책이라는 것은 “사람은 책을 만들고 책은 사람을 만든다.”는 멋진 격언에서도 증명된다. 책을 만드는 사람과 책을 읽는 사람은 모두 다 문명인이라 할 수 있다. 책을 만들어 내는 선진적 지식인들을 직접 만나 대화를 나누는 일은 인쇄된 책을 읽는 것 보다 더욱 생생하고 멋진 ‘독서’일 것이다. 이러한 ‘사람책 대출’에 대한 아이디어는 일찍이 덴마크에서 시작되었지만 우리나라에서도 이러한 시도를 하고 있다는 사실은 매우 고무적이며 발전한 도서관 서비스의 실천이라 하겠다. 그러나 이러한 서비스가 어느 한 도서관이나 일시적인 이벤트로 끝날 것이 아니라 장기적이고 일상적인 도서관 프로그램으로 지속된다면 도서관의 역할과 위상을 높일 수 있을 것이다.

도서관은 사회적 창조물이다. 도서관은 사회의 발전과 변화에 맞게 변신을 거듭해야 한다. 그러기 위해서는 모든 도서관 직원들이 도서관 경영 마인드를 확고히 가지고 도서관 경영의 법칙을 스스로 정립, 실천해 가야할 것이다.

지은이 | 이종권

- 성균관대학교 대학원 문헌정보학과 석 · 박사과정 졸업(문학박사)
- 전) 건국대학교 강사, 강의교수, 겸임교수 역임
- 현) 문정인문학도서관 관장, 성균관대, 대림대 평생교육원 강사

〈주요저서〉

- 자료보존론(공역, 1999)
- 어린이도서관 서비스경영(공역, 2010)
- 문헌정보학이란 무엇인가(2007, 개정 2014)
- 도서관 경영학 원론(2011)
- 명품도서관 경영(2011)
- 장서개발관리론(공역, 2012)
- 도서관 경영론(공편, 2014)
- 공공도서관 서비스 경영론(2011, 개정 2015)
- 인문과학 정보원(공편, 2015)
- 신나는 스토리텔링(공역, 2015)
- 청소년 서비스 101(공역, 2015)
- IFLA 학교도서관 가이드라인(공역, 2017)
- 학교도서관 가이드라인 글로벌 응용사례(공역, 2017)

〈수필 · 여행기〉

- 도서관에 피어나는 아카데미 연꽃(2008)
- 책 읽는 세상은 아름답다(2008)
- 실크로드 여행일기(2009)
- 남에게 행복을 주는 사람은(2010)

도서관 경영의 법칙

2017년 6월 20일 초판인쇄
2017년 6월 30일 초판발행

지은이 _ 이 종 권
펴낸이 _ 한 신 규
편 집 _ 이 은 영
펴낸곳 _ 글앤북
서울특별시 송파구 동남로 11길 19
T. 070-7613-9110 **F.** 02-443-0212
E-mail geul2013@naver.com
등 록 _ 2013년 4월 12일(제25100-2013-000041호)

ISBN _ 979-11-88353-01-9 93020 정가 _ 12,000원